買股的基本

投資策略

長期投資

選對優質股

風險配置

複利效應

李朱澤・著

序──給親愛女兒的投資真理

在 Covid-19 疫情爆發後，爸爸將你送回韓國，獨自待在美國，兩年後才回韓國看你。看到你已經六歲了，爸爸真不知有多開心。獨自在美國生活的這兩年來，爸爸曾經想過自己會不會染疫而死。或許是因為這樣，爸爸有很多像是遺言的話想對你說。

當你讀完小學，再經歷國中、高中，然後上大學，還有求職、結婚時，爸爸一定都會有很多話想對你說，但是一想到那時候我可能已經不在了，爸爸就非常心痛。於是在 2022 年回到韓國後，便著手開始寫第一本跟投資理財有關的書。

我在美國經營「半個教授 TV」YouTube 頻道，留下很多生活所需的智慧言語給你，但我希望透過這本書能更長久地幫助你成為有錢人，達成財富自由。我相信，在你存到能投資的第一筆錢之後，當你想要開始理財時肯定會需要這本參考書。爸爸投資股票已經二十年，所有領悟到的投資祕訣全都收錄在這本書中了。

當你找到第一份工作，再邁入三十歲、四十歲之後，希望你可以透過閱讀這本書擺脫經濟文盲，達到經濟獨立。希望你可以建立幸福的投資原則，並持之以恆地實踐，養成良好的投資習慣，藉此成為有錢人。最重要的是，我希望你能堂堂正正地活在這世上，帶給這世界良善的影響力。

能像這樣回到韓國跟你一起度過生活，寫這麼長的信給你，實在是令我相當開心。女兒啊，當我往返首爾與大邱，坐在研究室和咖啡廳裡寫這本書時，真的覺得很幸福。希望接下來爸爸所說的話，能成為你通往財富自由的路標，成為你腳前的明燈。我愛你。

爸爸（李朱澤）

目次

CHAPTER

為什麼要投資股票？

CHAPTER

2

建立屬於自己的原則吧！

適當策略是必要的

站在大師的角度思考吧！

想變得有錢就必須銘記在心的事

附錄

CHAPTER

1

為什麼
要投資股票？

你想要財富自由，
需要多少錢才夠

　　幸福，是當一個人逐步具備積極的心態、家庭、金錢、工作、信仰等諸多因素，並且這一切都要很好地協調組合才能形成的綜合特徵。正如埃里希‧佛洛姆（Erich Fromm）所說，為了獲得幸福，人們需要充分享受自由，並且持續進行愛與生產（成長）。

　　其中，「自由」在爸爸生活的美國是最受重視的價值，也是美國憲法中最基本的概念。美國人視自由比任何事物都重要，包括言論自由、宗教自由、集會自由和個人隱私保護等。要衡量一個人是否幸福的重要依據，便是看這人是否能從國家、組織或其他人身上獲得自由並抒發自己的想法。

　　這種自由還包括財富自由，因為貧窮而感到不安，或者擔心生活所需的物質受到限制而感到害怕，或者害怕失去工作而不敢在組織或社會中充分表達自己的想法，或者受限於物質上的缺乏而不能做自己想做的事情、不能去旅行等，這些都可能使人變得不幸。

　　甚至還要擔心明天有沒有錢吃飯，擔心下個月的房租，即使生病也付不起醫療費，這些狀況令人備感壓力。經濟問題帶來的痛苦和不確定性中，實在是難以輕鬆地獲得幸福感。

在資本主義社會中，只有獲得一定程度的財富才能自由自在地生活，不會承受精神上的痛苦。你生命中的每一段旅程，都可以說是在尋找這種自由並實現幸福的過程。更進一步說，如果能透過關愛他人來與他人分享累積的財富，那麼你將會更加幸福。

透過財富累積而成的經濟自由，是一個非常主觀的概念，因為每個人的標準都不一樣。2015 年諾貝爾經濟學獎得主安格斯・迪頓（Angus Deaton）教授，他在 2010 年發表的一項研究結果中指出，在美國，當一個人的年薪達到 7 萬 5 千美元時，幸福感會迅速上升，但是超過這個數字後，幸福感幾乎沒有明顯增加。當然，現在物價上漲了，這個標準可能會有所上升。聽說在韓國，現在的標準大約是 4000 萬韓元（約台幣 95 萬元）。就像這樣，超過一定的額度後，光是賺很多錢並不能保證會帶來更多的幸福感。

貪得無厭的人即使在退休時已經存了 100 億韓元（約台幣 2 億 4 千萬元），也會覺得不夠；知足常樂的人只要擁有 10 億韓元（約台幣 2400 萬元），就認為自己是富翁，從而簡樸地度過餘生。為了實現財富自由，你應該仔細思考自己需要多少錢。截至 2020 年，台灣女性的平均壽命為 83.3 歲，所以如果你在 65 歲時退休，那麼你需要足夠的錢來維持至少二十年以上的生活。根據目前的物價水平，如果你能從事一份直到去世前都有年金可領的工作，那就還好，但也需要做好準備以防萬一。

二十年後，物價會大幅上漲，所需的生活費會比現在

更高。自 2002 年以來的二十年間，美國的通貨膨脹率約為 59.8%，如果每年物價上漲 2%，那麼二十年後將會上漲約 49%。當然，如果收入較低，納稅額也會少一點。

也就是說在二十年後，每年需要多少資金，才能沒有經濟負擔地度過幸福的生活呢？考慮到所有因素，提前思考並規劃是非常重要的。到了那個時候才開始計劃並儲蓄二十年的資金是不可能的。假如認為現在繳完稅後，每年需要 2 千萬韓元（約台幣 48 萬元）就足夠生活，那麼考慮到二十年後上漲 49% 的物價，每年大約需要 2980 萬韓元（約台幣 71 萬元），再加上如果希望能一年去旅行一兩次，或者能從容應對持續上漲的物價，那麼每年大約需要 4000 萬韓元（約台幣 96 萬元）。

因此，假設退休後要生活二十年，那麼至少需要 8 億韓元（約台幣 1900 萬元）以上。如果想為可憐的人成立基金會，或者有更大的目標，就還要額外計算所需的資金。雖然可以這樣簡單地計算，但是根據個人的情況，還是會有更多需要考量的因素。當然，這個金額是假設在 65 歲之前有穩定收入的情況下計算的。若是在 50 歲退休，還要再活 36 年，大概會需要 15 億韓元（約台幣 3500 萬元）左右。

不管是 8 億韓元還是 15 億韓元，最重要的是要明確地知道你在退休後有什麼目標、需要多少資金，然後開始進行投資。如果盲目地抱著想要成為有錢人的心態開始投資，想要在短時間內獲得巨大利潤，這種不切實際的想法可能會讓你變得過度貪婪且急躁。

就像現在價值高於未來價值一樣，當前的生活可能比未來的生活更重要，但是，沒有設定目標的投資可能會導致當前的生活變得不幸。設定可實現的目標，並且計算退休基金，才能讓你現在的生活更加幸福。

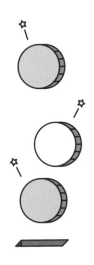

你想度過什麼樣的生活

在開始投資之前，最重要的是要清楚地知道自己在生活中追求的目標。儘管我們現在可以大致推算 20 年後需要多少錢，但如果目標不明確，就很難做出準確的估算。然而，一旦目標明確，就可以更具體地算出需要多少錢。

首先，思考一下你的生活目標是什麼。在一生中，每個人都有自己要走的路，根據你選擇的道路以及你行進的方式，生活會發生很多變化。小時候只要乖乖在學校或補習班裡學習就可以了，不用管以後會在哪間學校選擇哪一門主修、會找到什麼樣的工作、會結婚還是會選擇單身生活。但是，一旦你選擇了主修的學科，選擇了工作，決定結婚與否，並且選擇了伴侶，你的人生道路就會大幅改變。

結婚並且有了孩子後，你可能會暫時偏離自己原本想走的道路，之後也可能重新回歸，繼續經營職業生涯，成為社會上受人尊敬的人物。即使如此，那也只是人生道路中途的某一站，最終你還是要開始考慮退休後的生活。

不論選擇哪一條路，只要你努力生活，都能在道路的盡頭累積一定的財富和資產。如果你預先設下目標，確定那筆錢該怎麼花，它將會成為一塊美好的里程碑，為你的財富累積之路提供正向的動力。當你遇到困難時，金錢會成為扶持你的慰藉。

如果你還無法想到一個好的目標，那麼，與周圍的人

分享愛也是一個不錯的選擇。透過分享愛，你將會變得更幸福。像卡內基那樣在退休後捐贈一大筆錢建立教育機構等，將財富回饋社會，這也可以成為一種目標。或者，你可以親自發揮愛心去關懷窮苦的人，用你所累積的金錢救濟更多的人。

另外，你也可以選擇去你想去的國家旅行，體驗不同的文化和人群，享受剩下的人生。如果你有孩子，那麼也可以為了他們的健康未來而使用那筆資金。

等到累積數十億、數百億韓元的財富後，具體寫下你想要做的事情，也提前寫下你在死前想要實現的人生願望清單，從長遠來看，這將帶給你巨大的動力，對你非常有幫助。人生真的相當複雜而微妙，不會總是一帆風順的。就連爸爸在大學時期、留學時期以及職場生活中也遇到過許多困難。

無論你選擇走哪條路，那條路上都會有坑洞，也會有需要跨越的障礙物，嚴重時甚至會遇到道路中斷或堵塞。有時候你需要攀爬陡峭的山坡，有時候須繞遠路走，甚至有時候又回到原點。

走在這麼黑暗而不確定的道路時，能為你帶來光明的，不就是你的人生目標嗎？只要想到在漫長的人生旅途中，會有人在等待著你，會有人需要你的愛，那麼即使是在黑暗中，你也能堅持下去。

建立正確的金錢價值觀

雖然你年紀還小，對金錢的價值觀可能還沒有形成，但是對於生活在資本主義的我們來說，擁有正確的金錢價值觀是非常重要的。金錢是一個中立的概念，它可以造福廣大的人群，但也可以淪為害人的工具。我相信你不會希望自己所投資的金錢被用來傷害人，甚至是犧牲他們。

金錢有一種自動匯聚的傾向，會聚集到節儉的人身上。省吃儉用的人能把錢存下來，這是非常正常的情況。如果你從小就養成節儉的習慣，那麼以後你將會累積更多的財富。

節儉的方法有很多種，首先就是要把自己想要的東西和需要的東西區分開來。想要的東西越多，就越難節儉、越難存錢。即使是含著金湯匙出生的富家子弟，如果貪得無厭，追求太多東西，也容易變得貧窮。

隨著欲望的增加，想要的東西越多，我們會變得越來越缺錢，也就越不可能進行儲蓄。當我們過度收集必須花錢購買的東西時，可支配的金錢就會越來越少，也就更不可能與他人分享。我們應該了解自己生活所需，釐清自己實現近期目標時需要什麼，並且節約用錢，這將會幫助你累積財富。

設定一個短則一個月，長則一到五年的目標，明確列出你希望能累積多少財富，並了解每個月需要存下多少錢、

累積多少資源來實現這個目標，這是很重要的。而且還要考慮到在實現目標的過程中可能發生的意外醫療費用等風險因素，並且做好應對準備。當然，這些短期儲蓄目標也是為了實現長期致富的目標而需要的。

現在我們來談談消費和投資。消費可以看作是把錢花掉、讓錢消失的情況，**投資則是指讓金錢自己工作並且增值的情況**。因此，**可以說減少消費、增加投資才是致富的途徑**。也因此，好好區分自己想要的東西和需要的東西，過著盡量減少消費的生活，是非常重要的。

當然，若要減少對物質的追求，那麼很重要的是，要摒棄貪欲並懂得節制。這種貪欲會在很多方面產生。它有可能出於本能地想要擁有和享受的情感，也有可能基於「害怕錯過（FOMO：Fear of Missing Out）」的心理，導致你跟風別人的行為去追求吃喝享受。人有很多時候無法從理性上控制自己，所以摒棄貪欲真的需要很大的努力。

像這樣摒棄貪欲、減少消費的話，錢就可以存得下來，不管是 3000 萬韓元（約台幣 71 萬元）還是 1 億韓元（約台幣 238 萬元），都能夠成為你日後進行投資的第一桶金。投資可以是借錢給他人，或者是購買有投資價值的物品，以帶來增值的結果。

金錢的價值可以透過購買其他國家的貨幣（如美元）並在匯率上升時獲利，也可以透過投資房地產、黃金、白銀或股票等資產，並在因通貨膨脹導致資產價值上升時獲利。另外，你還可以將金錢出借給他人以獲得利息或分紅，

從而增加投資金額。最終，經過很長時間後，無論是以何種方式，投資的資金都將會增值而回歸到收益之中。

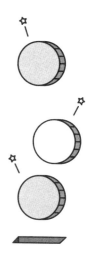

風險度提高，
投資報酬率就會上升

　　接下來，我們來談談風險（risk）。就像生活中總是伴隨著危險一樣，在許多組織進行項目時，都會時刻考慮到風險。如果沒有考慮到風險並做好應對準備，生活可能會變得艱難。人們為了應對這種風險，會採取各種避險（hedge）措施，例如購買保險、進行儲蓄等等。

　　我們可以將風險的程度稱為風險度，風險度越高，投資報酬率就越高。雖然這是一個非常簡單的原理，但是仍然有很多人不了解而冒險行事。比如說，在像賭場這樣的博弈場所，輸錢的機率就會非常高，因為那裡的賭注風險很大。然而，由於賠錢的風險度很高，一旦成功，就有機會大撈一筆。

　　在投資中，投資風險度較低的資產被稱為「安全資產」，如果投資這種安全資產，損失資金的機率會低很多。例如房地產、現金、黃金或債券等，它們的價格波動性（volatility）較低，損失資金的風險度非常低。

　　相較之下，風險度較高的資產被稱為「風險資產」。其中包括股票、加密貨幣、期貨、期權、權證等衍生品。風險度越高，波動性就越大，短時間損失所有資金的可能性也就越高。

但是，反過來看，風險度越高，賺取大量資金的機率就越高。波動性越大的風險資產，其風險度越高，而且風險度會隨著時間的延長而增加。一般來說，小型股票的風險度高於大型優良股票的風險度，在納斯達克或科斯達克（韓國創業板市場）上市的成長型企業風險度也較高。相比之下，在道瓊指數或標準普爾指數（S&P）上市的傳統價值股風險度就會低一些。

一般來說，小型股票很難在與大企業的競爭中生存下來，而那些長期在人們生活中占有一席之地的必需消費品、公共事業、製藥等企業不會輕易倒閉。因此，選擇小型股票或成長股公司也是有優點的，雖然會面臨較高的失敗風險，但若選對了表現穩定的優良公司，就有機會提高投資報酬率。

而傳統價值股雖然風險度較低，報酬率也較低，但具有獲得股利等長期安全穩定收益的優點。

當然，就算是在大型股票中，也會出現競爭失敗而遭到淘汰的企業，而同時也有些小型股票長期以來一直穩健經營。這是我們需要記住的。

過分相信或過分懷疑都不好

長期投身股市後，難免會產生各種偏誤（bias）。偏誤也可以說是一種偏見，在心理上會動搖對公司和基本面（fundamental）的信任，使人過分相信或過分懷疑。最終，這會導致頻繁買賣，造成損失。

其中，**人們最常出現的偏誤就是定錨偏誤（anchoring bias），例如「股票市場通常在一月份表現良好」、「四月和十月都是好時機」、「五月份要賣出脫手」、「聖誕節後直到年初都有聖誕節行情」等，這些說法都屬於定錨偏誤。**但是經過 2021 年和 2022 年，這一切偏見都已經被打破了。

若一旦開始對投資中的本金、平均成本等產生偏見，投資心理就會圍繞著這些價格而動搖。結果就是，當股價超過合理價或者達到目標價位時，很多人卻仍在等待高點而無法實現獲利，而在股價下跌時，無法成功停損的情況也很多。像是以短則 1 個月，多則 6 個月或 1 年為標準來計算並討論某間公司的報酬率時，就屬於這種情況。

即使是前一年獲得 30% 報酬率的基金，今年也可能會根據市場情況出現虧損。2020 年至 2021 年初表現強勁的成長科技股，在政府開始實施緊縮政策後呈現弱勢，導致一些已經獲得 100% 以上報酬的基金，在 2022 年出現了50% 以上的虧損情況。

就像這樣，有些年份的報酬率良好，有些年份則可能表現不佳。但是，在經過幾十年的時間，直到退休或停止投資時，報酬率通常會趨於平均水平。因此，經常觀察自己每年對股票價格是否過於偏誤，是很重要的。

很多人出現的另一種偏誤是確認偏誤（confirmation bias），亦即我方偏見。這是認知心理學在 1960 年代提出的概念，即使是聰明人和科學家也經常陷入其中。這種偏誤是指自己獨斷專行，認為自己的想法、意見和邏輯是對的，然後不斷提供根據和理由來支持。一旦確立了一種觀點，就難以破除，這與對自己的學校、工作、伴侶、球隊等過於陷入確認偏誤的情況相似。

想要掩蓋令自己不適的真相，是人類的本性。人們會偏向性地接受證據，偏向性地解釋它們，並且偏向性地記憶它們。縱使是假新聞，如果有很多人談論甚至在媒體上提及，就算出現更多真實的證據也會被忽視，並且會被解釋成符合自己觀點的一面。這種現象經常出現在無法適應新情況和新觀念而停滯不前的保守傾向者身上。

根據自己的情緒和感情狀態，對同樣的事件和事物也會產生不同的記憶。例如，剛買入後股價就上漲的股票，看起來很不錯，而剛買入就股價下跌的股票，則容易令人不喜。買入後股價就上漲、令人心情大好的股票，即使後來股價下跌，人們也會毫無根據地持續信任它：剛買入股價就下跌、令人心情不好的股票，即使過了一陣子之後股價上漲，人們也不會感興趣。另外，在市場情況大好、股

價上漲的情況下，會覺得某間公司看起來很不錯，但在股價下跌的時候，就會覺得它看起來不行。

在這種情況下，對自己投資的公司所產生的確認偏誤會越來越嚴重。僅僅根據股價情況決定自己投資的公司好壞並非正確的做法，如果還因此出現附帶的確認偏誤，將會渡過一條無法回頭的河流。

像這樣產生確認偏誤的人，他們在沒有充分依據的情況下，對自己持有的股票和公司過於充滿信心，只願意面對樂觀的一面。應該要在充分研究之後，綜合考量各個公司的優勢與劣勢、機會與風險等因素，進而選擇公司進行投資。這樣一來，當公司的劣勢和風險日益增加，對公司的長期發展構成威脅時，才能及時停損、整理股票並退出。

然而，如果存在著確認偏誤，就很可能會一直持有股票，導致虧損越來越大。當自己投資的公司被爆出管理層的不道德行徑，或者出現強大的競爭對手，導致公司前景疲軟或者盈利能力下降，諸如此類的劣勢和威脅大幅擴大時，如果對公司過於信任，恐怕將無法實現獲利。

特別是當受到周遭人士的意見影響，選擇公司時更容易陷入確認偏誤。如果 YouTube、媒體或假新聞中單單強調某間公司樂觀的一面，就需要小心。YouTuber 或機構可能會因為擔心投資資金從自己所投資的企業中流失，而總是說好話，從而引發所謂的炒作（pumping）行為。因此，如果只偏信一個媒體的觀點，那麼當有其他人分享會對自己投資的公司產生長期負面影響的重要資訊時，自己反而

會避而不聽，甚至會詆毀他們。

　　這種偏誤性取證，會導致人在得知對自己投資的公司非常重要卻又負面的事實時，產生強烈的反感。等到公司股票持續下跌，最後再也無力回天時，才會意識到這一點，但卻為時已晚了。

　　最理想的是能快速捕捉到公司基本面的變化，並且做出投資決策。但是，當公司周圍的政治、經濟和社會環境發生變化時，便難以準確地將公司的未來數據化，無論是進行短期還是長期的分析都不容易。在這種情況下，陷入確認偏誤的人往往會提出更支持自己假設或想法的解釋。

　　另外，**股票投資者常常存在的另一種偏誤是「損失規避（loss aversion）」。**心理學家認為，損失帶來的痛苦，比獲得的喜悅時影響力大兩倍。也就是說，損失 100 美元的痛苦比獲得 100 美元的喜悅感受強烈兩倍。人類的大腦在與損失有關的情況下，往往會引發擔憂和恐懼。也許有人能承受得住這種壓力，但想必沒有人會從中得到樂趣。

　　華倫・巴菲特（Warren Buffett）將「不要賠錢」定為投資的第一法則，也是為了避免這種痛苦。這種損失規避心理會讓人們購買保險以減少痛苦，而在投資決策中，人們也會採取措施來減少虧損。

　　有時，這種規避損失的傾向也會導致做出錯誤的決策。雖然有一個能夠賺取 100 美元的機會，但是一想到自己也有可能會損失 100 美元，就不願意投資了。儘管不承

擔風險就無法獲得利益，但在投資金額較大的情況下，人們還是傾向於只進行相對有利的機率遊戲。

在賭場裡，可能會用 20 美元贏得 100 美元，但也有可能將 20 美元輸個精光。在這種情況下，輸掉 20 美元左右並不那麼令人害怕，反而是有機會贏得更多的時候，人們會很樂意賭一把。但是，對於那些手頭上的所有生活費就是二十美元的人來說，損失 20 美元帶給他們的恐懼是很大的，所以即使帶他們去賭場，他們也只會看熱鬧而已。

存有損失規避偏誤的人，在投資股票時也經常會做出不理智的決策，尤其是在面臨虧損的情況下。人們在投資初期可能會因為不願承受任何損失而沒能停損，只好長期持有股票並且經歷市場調整期。在這種情況下，如果能夠好好堅持下去，股票最終可能會回升。但是在股票已經大幅下跌，並且恐將持續下跌時，人們會害怕承受更大的損失而堅持不住，進而犯下錯誤，即使股價正處於低點也會將股票全部拋售。

一旦陷入對虧損的恐懼之中，無論是從哪個方面來做決策，都將難以做出理性的判斷。這就像在發生火災時進行消防演練一樣，是因為正處在危急的情況下，一旦被害怕和恐懼所包圍，就難以採取適當的應對措施。

因此，你應該預先考慮到自己對虧損的恐懼程度。當股價與高點相比下跌了幾個百分點時，就要提前預測市場的調整，並且在初期就制定適當的止損策略。另外，為了應對危機情況，應該要先準備好一筆常備的閒置資金，以

便在股價下跌到比合理價低幾百分點時，逐步分批買入。像這樣提前制定決策，就可以適當地避免在面臨危機時出現損失規避偏誤。

如果你想成為長期投資者，必須在股價急遽下跌的情況下做出理性決策。首先需要考慮以下幾個因素：

- 市場是否存在著長期的不利因素？
- 公司是否存在如財務失誤等阻礙公司成長的問題？
- 公司的管理層是否存在道德問題？
- 同一行業是否出現了強而有力的競爭對手？
- 在分析了足夠大量的數據，並且經過充分的考慮後，才能做出決策。

損失規避偏誤會導致人們更傾向於購買績優股或安全資產。因為比起追求高收益，更討厭虧損的關係，所以他們會更傾向於購買低風險的資產，例如房地產等安全資產或大型績優股，而不是高風險的中小型股票或者成長股。比起投資風險資產，他們更會將投資主力放在不會出現嚴重虧損的大型股或價值股。

然而，即使是大型績優股或價值股，也曾經出現像安隆（Enron）或雷曼兄弟（Lehman Brothers）那樣的大公司破產倒閉的事件。因此，對公司徹底研究並且持續專注是非常必要的。反觀中小型股之中也有很多企業是很穩固的，能夠持續獲得高收益。

以時間的角度來看，長期投資存在較高的風險，需要

經歷許多調整期，並且可能會出現個人持有的股票虧損過半的情況，這是許多人不願意長期持有股票的原因。反之，短線交易者會在察覺到虧損和風險時立即撤資，因此他們相信自己不會遭受損失。然而，圖表分析以及技術交易一個是需要大量學習的專業投資人領域。散戶往往會因為一兩次的失誤而失敗，賠錢的機率比較高。

如果你能找到穩定成長的優質股票，儘管會經歷波動和調整，但是別忘了，股價從長期來看會持續上漲並產生複利效果，使你有朝一日成為有錢人。我們所熟知的大部分投資大師，如華倫‧巴菲特、彼得‧林區（Peter Lynch）等，都是透過長期投資致富的。透過短線交易致富的人是極少數。如果想透過短線交易賺錢，不如把錢交給從事短線交易的證券公司會更輕鬆，而且不會對日常生活造成影響。

這種損失規避的傾向會根據個人和文化而出現很大的差異。令人驚訝的是，有錢人比小額投資者更願意承擔風險，集體主義文化也比個人主義文化更願意承擔風險。而年輕人則會比退休的人更願意承擔風險。也就是說，在亞州國家這樣的集體主義文化中，有錢人和年輕人更願意承擔風險。

這可能是因為，在有錢人和集體主義文化中的家庭，擁有足以在虧損的情況下恢復的資產，或者是其中的成員能夠起到保險作用。喜歡挑戰和冒險的年輕人需要守護的家人和投資資金比較少，即使投資失敗時也有時間可以恢

復，而且擁有足以支撐長期投資的健康身軀，所以會更願意承擔風險。

因此，雖然高風險度會導致虧損的機率變高，但也會帶動更高的收益。願意承擔風險的有錢人更有可能等待更長的時間，成為富翁的可能性也更高；同樣地，那些早早開始投資、承擔風險的年輕人也更有可能成為大富翁。這也是為什麼富爸爸比窮爸爸更強調投資的原因。

此外，你也要記住，對於並不富裕或者接近退休年齡的人來說，如果他們過於不理性地承擔風險並進行投資，一旦失敗，他們再次翻身的可能性將會很小。雖然過度規避風險的傾向對投資沒有幫助，但過於無懼高風險的傾向也很有可能導致投資失敗。

總結來說，在進行投資時需要意識到自己產生的各種偏誤（偏見），並且努力改正。**要努力不讓自己太受股價的擺布**，始終以犀利的眼光監視自己投資的公司，並努力進行合理的評估。

另外，在做出投資決策時，需要考量自己帶有多少規避風險、不願虧損的傾向，以及是否過分抑制了想要追求利潤的想法。如果規避風險的傾向過強，可能會難以做出合理的投資決策。在這種情況下，**透過適當的資產分配，將風險負擔降到最低，然後再制定風險資產的投資決策，這樣可以進一步提高投資的合理性。**

創新是需要時間傳播的

對公司進行投資時，要重視的是創新傳播的法則，亦即創新擴散法則（Law of Diffusion of Innovation）。這是埃弗里特・羅傑斯（Everett Rogers）教授在1962年的著作《創新擴散理論Diffusion of Innovation》中提出的理論，即任何公司向市場推出創新產品或新的服務時，並非所有潛在客戶都會立即購買。創新是在一個社會體系內隨著時間的推移而傳播的概念。

對於創新產品來說，有些人可能會覺得很酷並且很早就接受了它，但也有些人會不太感興趣。具體來說，當創新產品上市時，有 2.5% 的開發者會接受它，有 13.5% 喜歡嘗試新事物的早期採用者（early adopter）會接受它，如果它獲得不錯的評價，那麼會有 34% 的早期大眾（early majority）接受。再來則會有 34% 的晚期大眾（late majority）在產品獲得明確認可並且被周圍的人接受後跟著接受。而最後 16% 的人會一直使用之前的產品，直到它停產為止。

即使智慧型手機已經問世，仍然有一些人只使用 2G 折疊式手機或家庭電話，他們對既有技術完全不會感到不便。爸爸應該是屬於 34% 的早期大眾，我在某種程度上是具有創新精神的。

從最先占人口 16% 的開發者和早期採用者，再到被

34% 的早期大眾所接受，這之間存在著巨大的時間差距。當一個創新的產品能夠跨越這個鴻溝，被大多數人接受時，我們可以說它取得了成功。在第四次工業革命初期的今天，美國加州矽谷和波士頓 128 公路地區的許多新興公司都紛紛推出了創新產品。

創新產品的種類琳瑯滿目，包括人工智慧軟體、自動駕駛軟體、超級電腦、半導體、5G、雲端產品、無人駕駛電動車、搭載人工智慧的無人機、可穿戴設備（包括虛擬實境眼鏡）、元宇宙／虛擬現實裝置和軟體，以及基因解碼和編輯、機器人手術等生物技術，還有金融科技平臺、物聯網裝置等。

但是，並非所有的創新產品和生產它們的公司都能生存下來。要超越創新原則中 16% 以上的差距，再被 34% 的早期大眾接受，達到占總人口 50% 以上的使用率，其間需要製造產品、進行宣傳，並且透過大量生產以減少成本、實現盈利。這是一個相當具有挑戰性的過程。

因此，在選擇你要投資的公司時，需要考慮該公司推出的產品是否具備了在同行競爭中生存並取得成功的競爭力，而且絕對要考慮該產品是否能被一個國家或者全世界 16% 以上的人口接受。在 2010 年代初期，有許多公司推出了創新產品，卻未能引起人們的關注、未能獲得持續的投資而倒閉。蘋果、微軟、亞馬遜、谷歌、網飛、特斯拉等公司都是熬過這一時期而成功的企業。

這些企業之所以能成功跨越創新的峽谷，有很多原

因。它們針對創新產品推出的技術、設計、願景、追求目的等各個方面，都吸引了大眾的關注。處於第四次工業革命之中的我們，在 2022 年至 2025 ～ 2026 年，或者長則至 2030 ～ 2040 年的時間段內，如果找到能夠跨越創新間隙並取得成功的企業進行投資，那麼該公司將成為十倍股（10 壘打）企業，而我們的退休生活也將變得更加精彩可期。但是，我們必須記住，十倍股需要耐心等待約 10 年的時間，而且不能忘記其中的高風險性。

富爸爸的買股筆記

十倍股（Ten bagger）

　　十倍股是彼得・林區的著作《彼得林區選股戰略（One Up On Wall Street）》（2000年）中出現的術語，指的是股價的增長比初期投資金額高出10倍、打出10壘打的項目。在過去的10年或更短的時間內上漲10倍以上的股票包括：
- 谷歌（Google）：2011年12月30日，322.95美元 / 2021年12月31日，2893.59美元
- 網飛（Netflix）：2011年12月30日，9.90美元 / 2022年5月3日，199.87美元
- 微軟（Microsoft）：2011年12月30日，25.96美元 / 2021年12月3日，323.01美元

- Meta Platforms（Meta，原為Facebook）：2012年8月31日，18.06美元 / 2021年8月27日，376.26美元
- 亞馬遜（Amazon）：2011年12月30日，173.10美元 / 2021年12月31日，3334美元
- 蘋果（Apple）：2011年12月30日，14.46美元 / 2021年12月31日，177.57美元
- 特斯拉（Tesla）：2011年12月30日，5.71美元 / 2021年12月31日，1056美元

　　一般來說，十倍股是指具有爆發性成長潛力的股票。首次上市的企業、被低估或鮮為人知的小型股很有可能會成為十倍股，而像蘋果這樣的高價股票成為十倍股的可能性較低。在2022年預測會成為十倍股的企業，並不能保證它到2032年一定會成為十倍股。

　　如果一支價值10美元的股票以每年26%的速度成長，大約10年後就很有可能超過100美元。一間成長型公司的技術、稅務、競爭等內外條件需要足夠的支撐，還有公司的盈利能力、成本節約、高成長率等基本面要足夠堅實，以確保在10年內平均成長超過26%以上。另外，最好還能具備以下條件：

- 公司具有能在競爭中取勝的創新技術和獨特產品。
- 公司長期擁有競爭對手無法輕易複製的專利等受保護的新技術。

- 公司在免受反壟斷政策等政府管制的同時，享有政府支持的良好政策環境，如替代能源等。
- 公司能持續吸引投資人的關注。

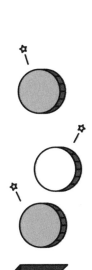

金錢流向哪裡

在股票市場中，掌握資金的流向非常重要。除了像美國那樣作為全球主要貨幣的美元之外，世界各國印製的貨幣是有限的。如果大量印製貨幣，就會出現貨幣貶值、物價上漲的通貨膨脹。當通貨膨脹率高時，物價就高，人們的生活變得越加困難。雪上加霜的是，生產成本提高的企業會將成本轉嫁到消費者身上，進而導致物價更高。這樣一來，國家就會努力穩定人民的生活。在美國是由聯邦準備系統（FED，以下簡稱聯準會），在韓國則是由韓國銀行啟動各種金融措施來實現此一目標，例如調整基準利率等。（編註：台灣是由行政院主計總處主掌）

由於 COVID-19 大流行，許多國家採取了降低利率、發放政府津貼、購買市場流通中的債券等量化寬鬆政策，以防止經濟惡化。這使得全球貨幣供應量大幅增加，導致原材料短缺和物流問題等，讓許多國家的人民飽受通貨膨脹之苦。許多國家都面臨通貨膨脹的難題，各國政府都在努力提高利率，或者減少央行持有的債券以縮小資產負債表規模等，透過這些手段來控制通貨膨脹。

這樣一來，流入特定市場的資金不僅被用於支付和消費，還會尋找投資機會並進行配置。就像我們分配資產一樣，投資銀行、對沖基金、退休金、國民年金、大戶、散戶等多種資本市場的主體也會將他們擁有的金錢投資於各種資產上。有些資金會進入安全資產，如債券、房地產、

黃金、白銀等，有些則會進入風險資產，如股票、加密貨幣等，還有一些會進入預先簽訂購買原材料等商品的期貨市場。

在這種情況下，透過觀察資金集中到哪個市場並且進行投資，也是明智的做法，可以透過適當的分散配置來實現利潤最大化。比方説，在美國聯準會實施貨幣緊縮政策並提高利率的情況下（如 2022 年 5 月），債券市場的利率也會直接上升，與利率和價格反向移動的債券市場將不可避免地處於弱勢。另外，在通貨膨脹加劇的情況下，資產價格會上漲，所以人們更傾向於持有股票而非債券，導致債券價格大幅下降，出現資金流失的現象。

傳統上，就美國而言，適當地分配債券和股票算是一種不錯的投資策略。如果資金從債券市場流出，這筆錢就會流向股票市場或其他合適的市場，又或者停留在現金市場。截至 2022 年 1 月 1 日，美國股市規模為 53.3 萬億美元。而截至 2022 年 3 月，有 7.21 萬億美元在紐約證券交易所交易，22.42 萬億美元在那斯達克交易所（NASDAQ）交易。至於債券市場的規模則為 20.9 萬億美元，截至 2022 年 3 月，交易額達 7000 億美元。

因此，每天早上需要關注美元價值、債券利率、股價指數、加密貨幣價格、期貨市場的黃金和原材料價格等，可以透過 Investing.com 等財經網站了解。這樣就可以根據全球和國內的經濟形勢了解資金的流向，從而了解當天的股市情況。

由於美元是全球主要貨幣，許多公司和國家為了償還債務，都傾向於持有美元。像 2023 年歐元和日圓貶值、美元升值的時期，人們持有美元的傾向會更加強烈。當美元貶值時，資金往往會從美元流出，投資於亞洲市場等其他地方。

僅從股市來看，傳統上為了分散風險，投資國際指數基金被認為是最安全的股票投資方式。因此，觀察資金是流入歐洲市場或中國、韓國等亞洲市場，還是停留在美洲大陸，也是很重要的。像 2023 年擔心烏克蘭戰爭或臺海衝突的時期，資金很難流入歐洲或中國等市場。

在美國股市內部，金錢也會在大型股和中小型股之間流動，大體上是在傳統價值股和成長股之間。尤其像 2022 年這樣國際形勢和通貨膨脹等多種市場不利因素較多的情況下，資金通常會流入道瓊工業指數、標普 500 指數（S&P 500）、羅素 1000 指數（Russell 1000）中的安全價值股或大型績優股為主；在市場穩定的「金髮女孩經濟（Goldilocks）*1」景氣階段下，納斯達克指數中的成長股或者羅素 2000 指數（Russell 2000）的中小型股也會聚集資金。

根據不同的時期，按季度公布的業績往往會吸引更多資金流入股票市場，在短線交易者的主導下，資金會轉移到先發表業績的大型價值股，其後是大型成長股和中小型股。股票中也有像半導體這樣容易受經濟變化循環影響的景氣循環股（又稱為周期性股票），它們在景氣循環的低

點開始吸納資金並反彈，在循環的高點則會流出資金。

*1 譯註：金髮女孩經濟意指全球
經濟在逐漸回暖之際，搭配著通
貨膨脹數據表現穩定，因而使得
經濟目前位於相對平衡之處，不
會過熱也不過冷的狀態，同時此
環境將不易促使各國央行進行升
息等緊縮政策。因此在這樣的經
濟環境下，也通常相對有利於股
票資產表現。

要清楚知道你購買的是什麼

當你將金錢投資於股票時，重要的是要清楚地知道自己購買的是什麼。你要明白，購買股票和賭博是不一樣的。股票的英文是 stock 或 equity，購買股票意味著購買公司的一部分股份。你與其他股東一起透過法人公司擁有公司的一部分資產，按照所擁有的股份從公司獲得利潤，並且可以在公司的重要事務中行使投票權。公司的盈利有時會透過股價上漲間接回饋給股東，有時則會透過分紅直接支付給股東。

公司為了籌集資金，可以透過發行股票進行股權融資（equity financing），也 可 以 透 過 發 行 債 券（bonds、notes、debentures 等）借債。當發行股票募集資金時，這發行的股票即稱為發行在外的股份（outstanding share），個人持有的股份與發行的股份進行比例計算。比方說，如果公司發行了 100 萬股，而你持有 1 萬股，那麼你就擁有 1% 的股份。

公司以合理的價格發行股票，進行增加股票數量的有償增資時，往往會有股價下跌的現象。那些暫時沒有盈利的成長型公司，常會每年進行一兩次有償增資或無償增資。在投資成長股時，某種程度上需要考慮到意外的增資可能會導致股價稀釋後迅速下跌的情況。即使是發行債券，也可能導致公司的債務增加，影響長期股價的價值。

股票分為普通股（common stock）和優先股（preferred stock）。普通股提供投票權，而優先股雖然不提供投票權，但在公司資產和收益方面賦予更高的權限。比如谷歌的 A 類股票是普通股，提供投票權，但是谷歌的 C 類股票是優先股，不提供投票權。

股票還可以分為景氣循環股（或稱周期性股票 cyclical stock）和非景氣循環股（或稱非周期性股票 noncyclical stock）。景氣循環股是指像星巴克或 NIKE 這樣的非必需消費品類股，其走勢會隨著宏觀經濟的變化而移動；非景氣循環股是指像沃爾瑪（WALMART）*1 或好市多一樣具有防禦性的必需消費品類股。在宏觀經濟不佳的情況下，消費者傾向於減少對非必需消費品的消費，但是對必需消費品會繼續消費。因此，在經濟不景氣時，增加必需消費品等非景氣循環股來提高比重也是一個不錯的策略。儘管景氣循環股的波動性會比非景氣循環股來得大，但是在經濟好轉的時候，景氣循環股會帶來更大的收益。

景氣循環股可以進一步分為耐久財（durable goods，或稱做 hard goods）、非耐久財和服務等。耐久財包括可使用 3 年以上的汽車、家具、電子產品等，其訂單的增加也可以視為景氣持續好轉的跡象。另外，有些股票在宏觀經濟以及產業內的供需情況下循環波動，並且呈現長期上升的趨勢，例如半導體等。

*1 譯註：沃爾瑪公司是美國的跨國零售企業，也是世界上最大的零售商。

除此之外，股票還可以分為價值股、配息股、成長股、科技股等，有著多樣的類型和名稱。價值股、配息股通常在某個產業中占有一席之地，雖然經常比低於其基本面價值的價格形成，但它們具有可以獲得股利的優勢。在市場不景氣的時期，配息股能夠更好地支撐和防禦。成長股和科技股通常比普通股票成長得更快，其股價也常高於基本面，並透過股價上漲獲得利潤和高收益，因此風險也比較高。在類似「金髮女孩」狀態的經濟穩定時期，亦即市場在沒有物價上漲壓力的情況下保持高成長時，成長股的表現會更加出色。

富爸爸的買股筆記

股利投資法

　　股利投資法是指投資於股利股票，它具有不受股價波動影響的優勢，可以提供較少但穩定的收益。在投資金額較大，需最大限度降低風險時，股利投資比較有利。雖然要找到每年投資報酬率皆達5%的股票並不容易，但如果有5%的報酬率，那麼投資5億韓元（約台幣1190萬元）左右的金額後，一年便可獲得2500萬韓元（約台幣60萬元）的收益，即使扣除稅款，也還可以獲得將近2200萬韓元（約台幣52萬元）的收益。

　　在美國，通常會按季度發放股利，其中1、4、

7、10月發放股利的公司有JP摩根（J.P. Morgan）、默克（Merck）、思科（Cisco）；2、5、8、11月發放股利的公司有蘋果、寶僑（P&G）、威訊（Verizon）、AT&T；3、6、9、12月發放股利的公司有蘋果、嬌生（Johnson & Johnson）、IBM、麥當勞、洛克希德·馬丁（Lockheed Martin）、輝瑞（Pfizer）、雪佛龍（Chevron）和埃克森美孚（Exxon Mobil）、3M。如果對這三種類型的公司全都進行投資，好處就是每個月都可以獲得股利。

可口可樂、3M、嬌生等股票被稱為「股利之王（dividend king）」，它們連續50年以上增加配股金額，有些股票甚至發放5%以上的股利。還有一些像是Main Street Capital（簡稱Main）和Realty Income（簡稱O）這樣的房地產信託公司，每月發放股利。但是，隨著房地產景氣的波動，股價也會有下跌的風險。美國股票的股利所得稅為15%。

在台灣，銀行和證券公司會以發放股利為主，大部分是一年發放一次。通常若從12月中旬到年底持有股份的話，就可以獲得股利。當投資者持有股票時，如果該公司宣布發放股息，投資者將會從該公司分配的股息收入中獲得一部分，也就是股利。一般來說，股票利息所得稅稅率通常是20%，股利收入可以選擇**「合併計稅減除股利可抵減稅額」**或是**「單一稅率分開計稅」**。然而，股利所得低於新台幣 94 萬者，可

適用於「合併計稅減除股利可抵減稅額」，大額投資族較適用「單一稅率分開計稅」。

在台灣也可以使用美股，選擇投資高股利的ETF。其中，先鋒領航（Vanguard）的VIG、景順（Invesco）的SPHD和嘉信（Charles Schwab）的SCHD就是代表性的ETF。

在股票市場中還有所謂的「反轉股（turnaround）」。這些股票是指公司曾經陷入嚴重的財務和經營危機，但在掌握問題後，根據市場變化進行結構調整或選擇和集中等過程，制定解決問題的策略，後來起死回生的股票。例如，通用汽車（GM，General Motors）在 2009 年申請破產後，也是從 2010 年開始起死回生，現在蛻變為一個健全的企業。選擇這樣能夠復甦的企業也是一種投資策略，就像投資成長股一樣，可以帶來高收益。但是，這種情況仍然存在著較高的風險。

根據總市值，可以將公司分為大型股（big-cap）、中型股（middle-cap）、小型股（small-cap）。這在不同國家可能有所不同。在韓國市值 5000 億韓元（約台幣 119 億元）的大型股，在美國可能會被歸類為小型股。大型股有時是因為股票發行數量過大，所以看起來很大，或者因為股價上漲過多而被高估，因此很難制定絕對標準進行判斷。如果發現有小公司發行過多股票導致市值增加的情況，

就需要小心謹慎地進行投資。此外，也出現過曾經被稱為大型股，但現在變成小型股的情況。

在美國，大型股也被稱為藍籌股（Blue-chip stocks，又稱績優股、權值股），指的是市值超過 100 億美元的大型企業；中型股指的是市值在 20 億美元至 100 億美元之間的企業；小型股指的是市值在 3 億美元至 20 億美元之間的企業。市值低於這個範圍的企業則被稱為微型股或奈米股。

市值可以透過發行股數乘以股價來簡單計算。為了更準確一點，有時也會將公司發行的債券包括在內。在小型股中，有些公司長期保持小型股的地位，同時維持著穩固的基本面，具有龐大的成長潛力，因此常常被視為有利可圖的投資標的。然而，過去也曾經出現大型股因業績下滑而下降為小型股的情況，所以要謹慎對待。

雖然小型股的風險普遍較高，但很難說大型股的風險就比較低。曾經發生過像安隆（Enron）*2 或雷曼兄弟這樣的大型企業破產的情況，也經常出現做假帳欺騙投資者的情況。華爾街通常更偏好大型績優股，但是，將公司劃分為大型企業、績優企業、中小企業等作為絕對標準加以評估，並不一定能帶來巨大的利潤。因此，對於每間公司都需要個別進行深入研究。

*2 譯註：安隆事件——安隆曾是世界上最大的電力、天然氣以及電訊公司之一，這個擁有上千億資產的公司在 2001 年宣告破產，原因是持續多年精心策劃、的財務造假醜聞。

投資股票要像衝浪一樣

股票市場中，想要購買某家公司股票的買方，和想要出售股票的賣方之間，在供需法則的作用下會形成「股價」。我們需要考慮到買方和賣方對於購買或出售某間公司股票的傾向不同。一個人可能看好某間公司而買入其股票，但是對另一間公司則抱持悲觀態度而賣出其股票。

就像這樣，股價是由各種不同主體決定的。有些投資者會透過分析公司的基本面進行價值投資或成長投資，有些投資者採取定期定額投資的方式，在特定日期購買股票。還有些人採用動能投資法（或稱順勢投資法），進行投機性投資。投資者的時間跨度也各不相同，既有長期投資者，也有短期交易員。僅從賣家來看，賣出股票的人可能基於多種不同的原因，例如股票達到目標股價後賣出、對公司的成長性和基本面產生懷疑而賣出、認真考慮管理層的問題後賣出、單純需要資金或尋找更好的投資機會而出場，或者是以投機為目的進行短線交易等等。

國內股票市場吸引了外國投資者、機構投資者和個人投資者，他們出於不同的理由買賣股票。既有按照原則進行投資的人，也有不理智地看心情投資的人，因此，期望在股票市場中百分之百合理且理性的投資是很困難的。在許多參與者以及他們的想法和心理不同所構成的供需狀況下，股價會出現波動，當然也無法預測。即使公司本身保持不變，管理層和員工一直在崗位上努力工作、做出業績，

公司的股價仍會受到各種原因的影響而不斷變動。

　　股價就像海浪一樣起伏不定。它會形成細浪而上下起伏，也會形成巨浪，產生大幅度的波動。在美國的股價指數中，VIX 指數是反映股價波動性的指數之一，當 VIX 指數上升到 20 以上時，股價波動較大，一次就以百分之幾的幅度移動；而在 20 以下時，股價波動小且以小數點為單位移動。在 VIX 指數低於 20 的情況下，市場的恐慌程度較低，受市場影響最小，股票的漲跌取決於個別股票的利多和利空消息。

　　如果將股票投資比作衝浪，那麼擅於股票投資意味著與股價波動為友，像在衝浪時一樣熟練地乘風破浪。當股價上漲時，享受著高漲的波浪，盡情衝浪；當股價下跌、沒有海浪的時候，則努力揮手期待下一波的到來。也就是說，在股票市場中，要趁著股勢高漲的時候享受並獲得回報，平靜無波的時候則耐心等候下一次機會。

　　為了長期成功地乘風破浪，保持適當的現金比重、做好合理的資產分配並且維持投資能量是很重要的。對於長期投資而言，保持健康尤其重要。如果一位投資者在為期 20 年的投資目標中，由於健康狀況惡化導致必須在幾年內收回投資本金，可能會獲得較少的收益甚至虧損。

CHAPTER

2

建立屬於自己
的原則吧！

"

　　我會告訴你從現在開始到退休為止必須牢牢記住並遵守的投資原則。如果你始終堅持這些原則，退休時你一定可以成為有錢人。

　　像瑞·達利歐（Ray Dalio）這樣大師級的人物在投資時都有自己的原則。在沒有原則、迷失方向的情況下進行投資，就和把一群小孩子放到沙漠中讓他們亂跑沒有兩樣。如果沒有原則，就會像是在炎熱的大太陽下找不到綠洲、迷失在沙漠中一樣，你的投資資金會完全乾涸，而且有很高的失敗風險。如果沒有原則，你很容易在市場這個可怕的戰場上心理崩潰，陷入恐慌狀態。

　　如果一看見暫時性的價格變動情緒就受到影響，那麼會很難堅持原則，唯有憑著冷靜和強大的理性思考才有辦法遵守。理性本身也可能受到市場上發生的重大事件影響而變得搖擺不定，所以你需要有非常堅定的信念，相信只要自己堅持遵守原則就能變得有錢。我相信，你堅守的原則最終某個時刻一定會在你身上生根發芽，成為保護你心態的堅強盾牌。

"

複利效應
一定要記住 72 法則

　　長期投資通常是指將資金投入股票市場，持有時間至少五年以上，或是直到退休為止。這是因為一些以前沒有獲利的小公司，你需要觀察它們五年左右的時間才可能開始獲利。當然，長期投資的投資時間長，所以和短期投資相比起來更難等待，風險也更高。在資本主義的競爭市場中，能夠在長時間中生存下來並不容易。

　　就像是機器或不動產之類的公司資產，經過很長一段時間會逐漸老化，暴露在修繕問題、火災、災害等各種危險中的機率也會變高。雖然風險比較高，但是長期持有資產可以從通貨膨脹中獲得資產價值上升的基本收益，同時也可以獲得股價上漲和複利效應帶來的大幅利潤。

　　「複利效應」指的是本金帶來的利息再加上原本的本金，用更多的本金產生新的利息；隨著時間過去，整體金額就會呈現等比級數增長。一旦你明白複利效應，就算只是持續進行長期投資，也有機會成為有錢人。

　　複利式投資從越年輕的時候開始越好。假設你從 50 歲開始用 5 億韓元（約台幣 1190 萬元）投資退休基金、每年獲得 10% 的利潤，那麼當你到了 57.2 歲的時候，就可以累積 10 億韓元（約台幣 2380 萬元）。不過比起更早開始投資、在 46 歲就已經累積到 10 億韓元的人，你就落

後了許多。46 歲的人比 57.2 歲的人提早 10 年擁有 10 億韓元，等到他們 53.2 歲時就能累積到 20 億韓元（約台幣 4760 萬元）；而到 60 歲左右，他們可能已經累積了 40 億韓元（約台幣 9700 萬元），可以放心退休。

當然在股票市場上要獲得平均 10% 的利潤並不容易。可是只要你理解了複利效應，你就會意識到，透過承擔適度的風險並長期投資股票市場，就有很高的機率可以成為有錢人。

富爸爸的買股筆記

一定要記住的72法則

根據72法則，我們可以輕鬆地計算出投資金額翻倍所需要的時間，不需要用到計算機。將72除以每年可以獲得的利率，就可以得到所需的時間，而將72除以剩餘時間，就可以得到每年需要達到的收益率。

舉例來說，如果一個人想要在未來10年的投資期間把現有的本金翻倍，那麼他每年就需要有7.2%的收益率。而假設某個人已經累積一筆3000萬韓元（約台幣73萬元）的資金、每年獲利10%，那麼他就需要花費7.2年的時間才能把資金翻倍到6000萬韓元（約台幣146萬元）。

然後這10%的利率再過7.2年，資金就會增加到1

億2000萬韓元（約台幣292萬元）。相同的利率再過7.2年，資金就會增加到2億4000萬韓元（約台幣584萬元）。因此，3000萬韓元會在21.6年後增加為2億4000萬韓元，也就是有8倍的收益。

雖然你可能會覺得10%的利率看起來不高，但是和現在銀行提供不到2%的利率比起來，這已經是一個比較高的利率了。就連和美國不動產價格上漲5%相比，這個利率也相當可觀。如果想要長期獲得這樣的收益，就必須增加風險、投資風險性資產，例如股票。

21.6年的時間對年輕人來說是更有利的。如果一個人從10歲起開始投資，那麼他到了31.6歲就有機會讓3000萬韓元的本金增加到2億4000萬韓元。假如他在這之後持續獲利並累積資金的話，他就可以在年紀很輕的時候獲得一筆巨額資產。要是未來繼續獲得10%的利率，等7.2年後他38.8歲時，資金就會增加到4億8000萬韓元（約台幣1168萬元），46歲時就會增加到9億6000萬韓元（約台幣2337萬元）。

設立安全機制
別只想著要獲利

　　高風險同時伴隨高報酬和高虧損的可能性，而低風險則是伴隨低報酬和低虧損的可能性。必須適度地管理風險，才能在投資中獲得成功。如果沒有考量到風險而在無意間提高了風險，心態上就會感到極度不安，生活也會變得困難。除此之外，當風險發生的時候，甚至可能會面臨失去投資本金、無法挽回的困境。

　　華倫・巴菲特是投資界的大師，他致力於降低投資當中最重要的風險，並透過適度調節投資水位實現長期盈利的目標。所以他提出的**第一條原則就是不要賠錢**，也不要因為第二、第三條原則而忘記第一條原則。要努力做到不賠錢，**就表示要努力降低風險**。

　　仔細想想的話，我們會發現在長期投資中，努力降低風險、不要賠錢這件事，比想要贏錢的心態更重要。要是無法控制自己的貪心、想要在短期內獲得很多報酬，這種急切的心理就會讓我們遇到風險升高的情況

　　投資股票的時候人很難控制自己的貪念，需要強大的心志才能做到，所以需要用各種機制保護我們的心理狀態。其中以避險（hedge）為主的資產配置，就是適度控制貪心、同時能夠調節風險的最好辦法。

想要控制人的貪欲是不可能的，除非有神的幫助。因此，利用法律制度和機制來幫助自己遵守投資原則、放棄貪心，是一個聰明的選擇。

在美國，有一些機制可以幫助人克制貪念和急切。如果投資時間超過一年，就必須支付長期資本利得稅（capital gains tax）。以目前 2022 年來說，收入在 4 萬 400 美元（已婚夫妻是 8 萬 800 美元）以下的話不需要納稅，收入在 4 萬 401 美元（已婚夫妻為 8 萬 801 美元）～ 44 萬 5850 美元（已婚夫妻為 50 萬 1600 美元）之間的話需要支付 15% 的稅，超過這個金額則需要支付 20% 的稅金。

不過如果持有的時間不到一年，就需要依照個人所得稅級距支付稅款，稅率分成 10%、12%、22%、24%、32%、35% 和 37% 等級距。以中產階級來說，每年大約可以賺取 5 萬 5901 美元（已婚夫妻是 8 萬 3551 美元）～ 8 萬 9050 美元（已婚夫妻是 17 萬 8150 美元）的收入，原本需要支付 22% 的所得稅。可是如果持有股票超過一年的話，就只需要支付約 15% 的資本利得稅，所以可以享受到 7% 的稅收減免優惠。由此看來，美國的稅收制度對於一年以上的長期投資是站在鼓勵的立場。

另一個稅收優惠則是 401K 和 403B 等稅收優惠制度。在 401K 和 403B 計劃中，可以透過自己工作的職場提撥部分薪水（最多 2 萬 500 美元）作為退休金，直到 59.5 歲之前都不需要納稅。這麼一來就不用立刻以當下還在賺錢的高所得級距支付稅金，而是可以等到退休之後，用比較低的

稅率一點一點領出退休金。當然，在這之前也可以把錢提領出來，但是除了要支付比較高的稅率外，還需要支付10%的罰款，因此大多數的人都不會選擇在中途領出來。另外，也可以在一般銀行開設個人退休帳戶（IRA：Individual Retirement Account）來提撥退休金，每年最多可以免稅提撥6000美元，直到59.5歲。

401K和403B計劃允許參加人自己投資ETF或共同基金，所以可以直接選擇像是現金、債券、不動產等安全性資產基金和風險性資產基金。也可以選擇標準普爾500指數（S&P 500）、羅素（RUSSELL）1000、羅素2000等追蹤指數的被動型基金，或是價值股為主的基金、積極成長型基金等，用各種不同的方式進行投資。

當然還有一些風險較低的儲蓄型基金可以選擇，專門為孩子設計的529計劃就是其中之一。因為已經先提前支付稅金，並且將資金用來投資在孩子的大學學費上，這樣等孩子上大學的時候，不需要繳稅便可以提領這筆資金用來支付學費。

富爸爸的買股筆記

個人退休金制度

臺灣勞工退休金制度，只要是有收入的就業者，包括自營作業者在內，在職期間都可以自由選擇加入

這個制度。新制由雇主按月提撥勞工工資至少6％到勞工的個人退休金帳戶，帳戶隨勞工移動不受雇主限制，帳戶內之提撥金及產生的投資收益直接視為勞工之退休金。

　　另外，勞工本人可以選擇再自提工資6％以內到個人退休金帳戶中，其自提的金額可自個人綜合所得稅中扣除。（無一定雇主之勞工，例如計程車司機，雖無雇主為其提撥，但其仍可自願提繳退休金。）

資產配置
像蝴蝶一樣飛翔，
然後像蜜蜂一樣出擊

　　資產配置的目的是為了降低風險，而把資產適度分散到好幾個不同地方的做法。資產大致上分成安全性資產和風險性資產，可以藉由投資來調整風險。

　　在美國，假設一個人可以活到 100 歲，那麼一般的做法就是把 100 減去自己現在的年齡，用這個比例來投資風險性資產。例如有一個人現在 40 歲，他的投資比例就是 60% 的風險性資產和 40% 的安全性資產；另一個人現在 20 歲，那麼他的投資比例就是 80% 的風險性資產和 20% 的安全性資產。年輕的時候投資風險性資產，就算遇到賠錢的狀況也有足夠的時間賺回來，因此可以提高風險性資產的比例。

　　等到年齡大一點，就算覺得高風險投資可以提高投資報酬率這點很誘人，可是如果年齡已經到了 60 歲，只投資 40% 在風險性資產上才是安全的選擇。從職場退休後，萬一在沒有穩定收入的情況下投資股票，卻面臨公司破產等風險的話，可能會沒辦法恢復而導致退休生活變得不穩定。股票投資的關鍵是運用長時間達到複利效應以及擁有穩定的收益，因此依照自己的年齡做出相對的適當資產配置，比任何其他事情都來得重要。

傳統的安全性資產包括黃金、美元、現金、不動產和債券等，而風險性資產則包括股票和近年來備受關注的加密貨幣。假如股票市場或加密貨幣市場崩盤，或是我們投資的公司陷入困境導致股價暴跌，持有安全性資產可以幫助我們收回資金。碰到像經濟恐慌等不景氣的狀況，安全性資產就會成為重要的避風港，價值也會跟著節節攀升。所以在風險性資產市場崩盤的時候，安全性資產就是非常重要的避險手段。

富爸爸的買股筆記

什麼是債券

　　債券（bonds, securities, notes）是指政府或公司為了籌措資金而發行的債務證券。債券作為一種傳統安全性資產，不具有破產風險，會由不同的單位發行。像美國政府在2015年、2018年、2022年提高基準利率的時候，債券價格在次級市場上就可能會下跌，而在通貨膨脹嚴重的期間，債券就不容易被歸類在安全性資產。

美國有以下幾種類型的債券：

美國公債（U.S. Treasury Securities）

美國公債是由美國聯邦政府發行，稱得上是安全性最高的債券。根據「充分信任和尊重（full faith and credit）」條款，美國公債即使在經濟衰退、通貨膨脹、戰爭等情況下仍然能獲得保障。消費者可以在次級市場中以 100 美元為單位，利用拍賣的方式經由 20 多家交易商（dealer）購買美國公債。其中美國國庫票據（Treasury Notes）的到期年限分為兩年、三年、五年、七年、十年，每六個月支付一次利息，利息收入要繳稅。另外，期限三十年的美國公債則稱為美國國庫長期債券（Treasury Bonds）。

美國儲蓄債券（U.S. Savings Bonds）

由美國政府發行。可以在銀行或信用合作社（credit union）以 25 美元為單位購買。通常也會被雇主用來作為支付工資的替代方式，不會形成次級市場。每月支付利息，有 I 系列債券（I Bonds）和 EE 系列債券（EE Bonds）兩種，不過當利率上升時，只有 I 系列債券可以抵抗通貨膨脹。

不動產抵押貸款證券
（Mortgage-Backed Securities，MBS）

不動產抵押貸款證券是一種以房屋或其他不動產作為擔保的抵押債券。銀行將持有的抵押貸款（mortgage）整

合為一個組合（pool），然後再把這個貸款組合出售給房利美（Fannie Mae）、房地美（Freddie Mac）等政府贊助的企業（Government Sponsored Enterprise，GSE），或是像吉利美（Ginnie Mae）的聯邦政府機構。吉利美購買的不動產抵押貸款證券由聯邦政府擔保，不過政府贊助企業購買的不動產抵押貸款證券則沒有擔保，所以務必要慎重了解之後再購買。

不動產抵押貸款證券支付利息時會逐漸增加，並在靠近到期日的時候還清本金。在美國買房時使用的抵押貸款，一開始只會支付利息，後來才會提高償還本金的比例，在這裡我們把自己想成收款的一方即可。購買房屋的人付錢給投資人，就稱為「轉付（Pass-Through）」。支付方式有固定利率和浮動利率，一般期限會是三十年、十五年或五年。

除此之外，還可以投資結合各種類型的貸款組合——不動產抵押貸款債權憑證（Collateralized Mortgage Obligations，CMO），不過這部分屬於專業領域，所以還是建議購買債券基金。

公司債券（Corporate Bonds）

公司債券是指公司在沒有發行股票的情況下用來籌措資金的證券。雖然投資人不像買股票一樣擁有公司的所有權，不過萬一碰到公司破產的話，可以優先獲得部分投資本金的償還。公司債券的期限從最短一年到最長三十年不等，利率會在發行時確定稱為票息（coupon）。

公司債券分為「投資等級債券」和「非投資等級（non-investment）債券」，非投資等級債券的利率比較高，又稱為高收益債券（High Yield Bonds）。大部分的公司債券都是場外交易（Over The Counter, OTC），就是在證券商之間進行交易。擔保公司債券（Secured Corporate Bonds）是抵押公司的工廠和設備等作為擔保。次級債券（Junior / Subordinated Bonds）也稱為無擔保債券（Unsecured / Debentures Bonds），單純只以公司良好信用作為擔保。

另外還有由第三方保證或保險的債券（Guaranteed / Insured Bonds），以及可以轉換為股票的可轉換債券（Convertible Bonds）。公司債券存在支付違約的風險，也存在第三方難以購買的流動性風險，和受到政府升息、併購等影響的各種風險。

抗通膨債券（Treasury Inflation Protected Securities，TIPS）

美國財政部為了保護投資人免於受到通貨膨脹的影響發行的債券，像在 2021 年和 2022 年因為政府量化寬鬆政策而導致嚴重通貨膨脹的情況下，抗通膨債券就是一個理想的避險債券。

發行期限是五年、十年和三十年，每年會根據消費者物價指數（Consumer Price Index, CPI）調整本金兩次，利息也會隨著通貨膨脹的上升而變高。如果到債券到期日通

貨膨脹都持續上升，債券支付的利息也會繼續增加；而且經過調整之後的本金可能會變得比原本的面額更高。

抗通膨債券可以以 100 美元為單位購買、並由美國政府擔保，即使發生通貨膨脹下降的情況，面值仍然能得到保證。但是如果遇到政府升息的話，可能會造成債券價值在次級市場下跌的風險，假如通貨膨脹的情況不嚴重，報酬率或許會比政府債券更低。

政府機構債券（Agency Securities）

由聯邦政府機構，或是像房利美（Fannie Mae）、房地美（Freddie Mac）、聯邦農業抵押貸款公司（Farmer Mac）等政府贊助的企業（GSE）發行。如果是像吉利美（Ginnie Mae）的聯邦政府機構發行，會由政府擔保；如果是政府贊助企業發行則不是由政府擔保，而是在證券交易委員會（Securities and Exchange Commission, SEC）登記註冊，並由證券交易委員會監管。

市政債券（Municipal Bonds）

市政債券是州政府、市、郡（比市更大）發行的債券，用於建設道路、學校等公共設施，一般以 5000 美元為單位，期限從兩年到三十年都有。由於風險比其他債券更高，因此需要謹慎投資，不過投資人可以享有聯邦所得稅減免等稅收優惠。升息的時候可能會面臨價值下跌的風險，而如果是在次級市場溢價購買，就存在價格下跌的可能性。

國際和新興市場債券
（International and Emerging Market Bonds）

投資人可以購買不同國家發行的債券，由於每個國家提供的利率不同，因此投資人購買時能夠分散風險。不過每個國家的風險水準不同，國家也可能會出現違約的風險，所以務必謹慎購買。另外也有因為匯率而產生的風險。購買時一般以一千美元為單位，而除了違約風險及匯率風險之外，還有難以再次出售的流動性風險、在升息時可能面臨價格下跌的風險等。

在韓國，類似的債券分為政府債券、地方債券、特殊債券、金融債券和公司債券。

在 20 世紀上半之前，全世界都是遵循黃金本位制度來運作，因此直到現在黃金仍然被視為相當具代表性的安全性資產。儘管日常生活中並不常看到用黃金進行投資，不過包括韓國在內的許多國家都會購買黃金，存放在像是英格蘭銀行（Bank of England）地下金庫的地方作為安全性資產。當發生像COVID-19疫情或烏克蘭戰爭等事件時，市場變得不穩定，許多投資人都會購買傳統的安全性資產——黃金，也因為這樣讓黃金的價值大幅上升。

投資黃金有很多種方式，可以購買實際的金塊，也可以開立黃金存摺將錢存入，還可以購買黃金 ETF 進行黃金相關商品的投資。

富爸爸的買股筆記

黃金交易

· 根據2022年的數據，透過證券公司的網路交易系統
HTS（Home Trading System）或行動交易系統
MTS（Mobile Trading System）在韓國交易所KRX
（Korea Exchange）購買單位1克的黃金，手續費
只需要0.3%，而且好處是不需要徵收交易所得稅和
增值稅。可以選擇提領實體黃金。

· 如果透過一般銀行開立黃金存摺，可以用0.01克為
單位購買，手續費是1%到5%，而且會徵收交易所
得稅。另外還需要支付15.4%的股利稅。可以選擇
提領實體黃金。

· 另外，也可以透過購買資產管理公司經營的黃金基
金或黃金ETF，間接投資黃金。黃金基金的手續費
是1%，ETF的手續費是0.3%至0.5%，而且會徵收
交易所得稅。黃金基金的股利稅是15.4%，黃金
ETF的股利稅同樣也是15.4%。而如果是投資在國
外上市的ETF，所得在250萬韓元（約台幣6萬元）
以下不需要課稅，超過250萬韓元的話則需要支付
22%的交易所得稅。由於黃金基金和黃金ETF的特
殊性，無法提領實體黃金、或是依照克數購買。

· 如果是選擇購買實體的金條或金塊，一般來說，台
灣銀行是全台唯一擁有實體黃金買賣的銀行，實體
黃金交易超過新台幣5萬元，就必須申報個人一時貿
易所得。

由於過去美元曾經在布雷敦森林體系（Bretton Woods System）中扮演了重要的儲備貨幣角色，因此即使在這個體系崩潰之後，依然有許多國家和公司想要持有美元、並把美元用來作為支付手段。美元指數是評估美元價值的指標，透過和歐元（57.6%）、日元（13.6%）、英鎊（11.9%）、加幣（9.1%）、瑞典克朗（4.2%）和瑞士法郎（3.6%）進行比較，藉此衡量美元的價值。因為美國的經濟規模目前還是全世界最大的國家，所以持有美元作為安全性資產也是一個不錯的策略。

　　如果美元貶值，台灣的匯率就會下跌；如果美元升值，台灣的匯率就會上升。匯率上升對台灣的出口企業而言是一件好事，因為這可以讓台灣出口商品的價格更具競爭力，但是對需要進口商品、或是用美元支付債務的企業來說，這會增加他們的負擔。持有美元在面臨通貨膨脹的時期會遇到價值下跌的問題，不過當政府升息、實施緊縮政策或經濟環境困難時，美元就是一個很好的避險工具，而且在匯率上也有機會獲利。

　　不動產也是一個可以用來長時間規避風險的避險投資，因為風險很低，再加上不動產的價值一般都隨著長期的通貨膨脹持續上漲。不動產投資可以包含住宅和商用建築等，美國從 1992 年以來，房屋價格每年大約都會上漲 5.3%。因此等到房價翻倍，平均需要 13.5 年的時間。

　　在美國只需要自付房價的 20% 左右，就可以在沒有購買自行抵押保險（Private Mortgage Insurance, PMI）的情

況下，用十分優惠的利率向銀行貸款。如果向銀行貸款、用較多的資金買下房子，便可以降低風險進行投資，最後在退休時拿到一筆相當可觀的資金。

家是全家人共同打造家園的地方，這本身的價值遠遠超過金錢。擁有一間房子當作家，可以讓家人長時間一起生活在同一個地方，同時創造許多美好回憶。如果是度過租屋生活，租金會不斷上漲而且也需要經常搬家，這就更接近於消費而不是投資。但是只要運用貸款的槓桿原理（leverage）買下房子，就能從不斷上漲的房價中獲得投資收益。

假如運用這樣的方式握有安全性資產，妥善進行資產配置並降低風險，就算股票市場出現大幅度調整，也能夠減少整體資產的震盪，並在心理上得到幫助。除此之外，還可以利用安全性資產低價買入大幅下跌的風險性資產，掌握可以賺取大筆利潤的機會。最重要的是，如果擁有充足的閒置資金、不會枯竭的現金流可以輕鬆運用，就可以用非常便宜的價格買到平常一直想買的股票。

如此分配資產、像蝴蝶一樣優雅地飛翔，然後等待股票市場的機會來臨時，像蜜蜂一樣迅速出擊，這就是能成為有錢人的一條捷徑。股票市場大約每十年會有一次大幅下跌，或是每年出現一到兩次的調整。這些時候如果手上有儲備的現金，就可以用低價買到優質企業的股票。

出於相同的原因，在我們投資高風險資產的時候，資產配置也有助於讓我們內心平靜、保持心態上的穩定。當

高風險資產大幅下跌或震盪調整時，許多投資資金就會跟著轉移到安全性資產上，讓安全性資產的價值上升，我們也能藉此獲得收益。安全性資產對於保持穩定的心態有所幫助。如果我們擁有足夠的安全性資產，就算遇到市場震盪調整也不會茫然無措，反而會樂於看到股票下跌，抓緊機會用便宜的價格買進股票。

長期投資
徹底研究之後再開始

投資風險性資產之一的股票，就能持有那一家公司的股份（share）。如果購買的是普通股（common stock）而不是優先股（preferred stock）的話，也會擁有投票權。購買一家公司的股票，意味著要觀察那間公司的經營者（CEO 執行長、CFO 財務長、CTO 技術長、CMO 醫療長、CLO 首席法律顧問等）、產品、財務報表、現金流、增長率等基本面，然後再進行投資。

在短時間之內只看由股票供需情況來決定的股價進行交易，稱為短線交易。短線投資人會看各種類型的圖表（移動平均線、K 線圖、布林通道等）進行技術分析，嘗試在短短的天數裡獲利。所以短線交易從股市開盤一直到收盤這段期間都需要持續觀察，也因此有職業交易員這項職業。

由於交易員需要反應快速、耗費大量精力，所以在華爾街通常只能做到 30 多歲左右，職業壽命比較短。沒有經過專業培訓就進行短線交易，幾乎跟賭博沒什麼兩樣，而且必須承受非常龐大的生理和心理壓力，因此最好不要這麼做。

投資還是建議以長期來規劃。長期投資是指維持資金投資的時間最短至少一年（美國將一年以上的投資視為長期投資，並享受稅收優惠），最長則是到退休為止。長期

投資的基本假設是股價短期內可能會有波動，但以長期來看會呈現上升趨勢。在近處觀察會覺得股價波動很大，但從遠處看則可以看出一條向上攀升的曲線。

當然這必須是在選擇了優良公司的前提下。如果謹慎選擇了一間優良公司，就應該要相信這家公司的銷售和獲利會越來越好，資產價格也會隨著通貨膨脹變高，所以長時間下來股價同樣會持續上升。在美國從 1950 年代以來一直存活到現在的優秀企業，目前的股價也都呈現出上升的趨勢。

投資就像是種好一棵樹。在有溪水流動的肥沃土地上種植優秀的樹苗，等樹木長大結出果實，我們就能採收果實並出售，然後再繼續種植其他樹木。換句話說，當我們在未來前景看好的領域（sector）中選擇投資優秀的公司時，如果這間公司能不斷成長、獲得不錯的利潤，股價就會大幅上漲，我們也能拿到股利。這樣一來，我們便可以將這筆報酬繼續用來投資這間公司或其他企業。

偶爾市場會出現經濟陰天而經歷調整或崩盤，也會出現像戰爭、疾病、政策變動等外部衝擊（黑天鵝事件）。然而，持續穩定堅持下去的公司最終還是能透過股價或股利取得優秀表現，為我們帶來龐大的喜悅。

不過在投資股票之前有一些事情必須銘記在心：一旦開始投資就需要持有一段很長的時間、直到退休為止，因此一定要徹底研究那間公司。起初可能會不知道要從這間公司的哪個方面開始研究，只需要努力站在多個不同的面

向觀察這間公司就可以了。

首先，建議選擇生活周遭提供優質產品或服務的公司。同時也要了解相同的產品或服務在歐洲、亞洲等全球市場上的反應如何。當然要在自己的國家投資美國股票並不是那麼容易的事。

近來推出了許多我們無法直接觀察的人工智慧軟體或半導體技術，甚至必須投資我們無法親自試用的 B2B 企業，所以很難直接透過觀察、觸碰、體驗的方式來判斷。在這種情況下，我們就必須察看那間公司的網站、主動聯絡公司的宣傳部門，藉此了解該公司的產品或服務。

尤其在美國這樣的國家，公司一般都設有專業的管理階層，所以了解公司 CEO 和管理團隊的經營能力及道德倫理相當重要。另外，也需要透過公司的財務報表了解公司收入、成本、長短期債務狀況等現金流狀況，並和其他公司比較來衡量這間公司的價值，進行估值（valuation）。還應該要關注公司的銷售利潤增長率和動能等指標。

除此之外，建議也要仔細觀察是否有機構投資那間公司，以及那間公司未來一年或五年目標股價的預測值。這些資訊通常都是由進行股票交易的平台公司──網路交易系統 HTS 或行動交易系統 MTS 提供。

資產負債表／損益表／現金流量表

資產負債表（Balance Sheet）

投資人和債權人可以透過財務報表了解一家公司的營運情況，以及是不是存在破產風險。各家公司在每個會計期間都會聘請會計師提交財務報表。財務報表會顯示公司的資產（assets）、負債（liabilities）和股東股權的價值。

將總負債和股權價值相加計算之後，就會得出總資產。負債表示一間公司所有債務的總額，股權價值指的是總資產扣除債務之後剩餘的資產。

- **流動資產（current assets）**：短期資產（short-term assets）指持有時間不超過一年的資產。包括現金（cash）、短期投資（可流通證券，marketable securities）、短期內要向其他公司收取的欠款（應收帳款，accounts receivable）和庫存（inventories，泛指原料、零件，或銷售和配送前生產的產品）等。

- **長期資產（long-term assets）**：指持有時間超過一年的資產。包括不動產、廠房或設備等可以長時間創造收益的有形資產（Property, Plant, and Equipment, PPE），以及版權、商標和專利等無形資產（intangible assets）。

- **流動負債（current liabilities）**：指需要在一年內

支付的債務。包括要立刻支付的欠款（accounts payable，應付帳款），以及要立刻支付的費用（accounts expenses，應付費用）等。

- **長期負債（long-term liabilities）**：指在一年後才需要支付的債務。包括租金（rent）、稅款（taxes）、公用事業費用（utilities）、應付工資（wages payable）和應付股利（dividends payable）等。

- **股東股權（shareholder's equity）**：有助於了解公司的財務狀況。包括還沒有支付股利，但用來賺取收益支付投資人或欠款的錢（Retained Earnings，保留盈餘）。

損益表（income statement）

　　損益表被廣泛使用在投資中，內容顯示出每個季度或每年的銷售收入和支出。損益表會呈現出一間公司是盈利還是虧損，可以幫助我們了解公司的財務狀況和長期展望。增加銷售收入並降低支出對公司來說非常重要，所以關鍵是要持續觀察。

- **銷售收入（net sales: revenue，總銷售）**：也被稱為top line，位於損益表最頂端的位置。

- **銷售成本（COGS: Cost of Goods Sold）**：表示在一定期間內生產產品和提供服務所花費的成本，指和生產直接相關的費用。

- 銷售管理費用（selling, general, and administrative）：指和生產沒有直接相關的其他費用。
- 營業利益（operating income）：指總銷售收入扣除總支出後的結果。
- 利息費用（net interest expenses）：表示和債務相關的利息費用。
- 稅後淨利（net income）：也被稱為net profit或是bottom line，是損益表中的最後一個數字，表示從總費用中扣除稅款和利息費用後的結果。

現金流量表（cash flow statement）

　　看現金流量表可以了解公司現金流入和流出的情況，以及公司如何償還債務、有沒有保留足夠現金支付各種費用等。基本上可以分為營業現金流、投資現金流和融資現金流。

- 營業活動現金流量（cash flow from operating activities）：表示公司從產品和服務中創造出多少現金。營業活動包括產品及服務的銷售、費用支付、利息支付、稅金支付、工資支付和租金等。
- 投資活動現金流量（cash flow from investing activities）：包括公司購買或出售資產、借款以及和併購相關的費用。

- **融資活動現金流量（cash flow from financing activities）**：表示公司從投資人、銀行獲得的現金，或是支付給股東的現金。包括股利（分紅）或購買本公司股票、償還債務本金等。

　　像這樣充分研究一間公司內外部各方面的情況後，如果對這間公司有長期的信心，便可以一步步購買股票進行投資。這麼一來，即使市場出現調整或暴跌，也不會動搖我們對這間公司的信心。

　　但是如果在持續投資的過程中，發現這間公司的基本狀況變得和一開始不一樣，就需要收回投資的資金。假如公司管理團隊有道德瑕疵、公司內部出問題、或是有強勁的競爭對手出現，導致公司的成長發生問題，這時候就算會有損失也必須撤回投資資金。所以，持續關注投資的公司並留意長期的趨勢十分重要。

　　此外，還需要持續觀察公司在所處的產業裡，有沒有可以擴展成長的可能性，也就是公司整體的潛在市場規模（TAM：Total Addressable Market）。建議選擇能夠在全球市場的擴展有良好表現並取得競爭優勢的公司，或儘管目前處在第二名的位置，但仍有機會晉升到第一的公司，還有採取選擇與集中化戰略的公司也是不錯的選擇。很多

企業都會運用選擇與集中化當作經營公司的競爭策略，有許多像蘋果這樣的公司，都透過這項策略取得了成功。

擅長使用選擇與集中化策略的公司，通常會透過消費者調查來接近特定領域或特定地區，所以在競爭中往往能處於有利地位，而且長期來說大部分都可以取得成功。像韓國大型企業這種試圖在所有領域和別人競爭的八爪章魚式擴張，有可能會在某些領域面臨失敗。

蘋果也是透過整頓不具競爭優勢的部門，集中經營具有競爭力、而且未來前景看好的領域，最後才能爬到目前的位置。選擇與集中化戰略是考量特定領域或地區的接近性、獲利能力、銷售額、需求、競爭公司、能不能降低成本、吸引消費者的潛力、文化等方面，進行選擇和集中化的經營模式。

就算公司所屬產業分類不是非常明確，大致上還是可以分為技術、軟體、通訊、資訊、半導體、金融、必需消費品、非必需消費品、能源、替代能源、公用事業、工業製造、原料、醫療保健等類別。像是亞馬遜或特斯拉這類型的企業，就可以同時被分類到非必需消費品和技術領域等多個不同的類別。

選擇產業的時候也需要考慮每個時期的長期動能。在動能不佳的時期，特定產業的企業業績或前景（guidance）也可能跟著表現不佳，造成股價的波動。例如 2022 年美國聯準會（Federal Reserve System, FED）實施升息，並縮減債券負債表的貨幣緊縮政策時，相對於那斯達克中的科

技、軟體、通訊、資訊和半導體等成長股，道瓊斯指數中的金融、必需消費品、能源、替代能源、公用事業和醫療保健等傳統價值股就更受關注。不過如果是進行長期投資、持有時間超過五年，就不需要針對每年的市場變化一一應對、緊張。

投資眼光
持續不斷地學習和研究

我們可以透過持續不斷地學習和研究，培養出選擇優秀公司的眼光。就像要在跳蚤市場（garage sale）或身後財產拍賣（estate sale）中找到稀有古董，這種尋找寶藏的眼光是建立在對歷史和藝術史的學習、以及實際經驗積累的基礎上。

同樣地，發掘優秀公司也需要長期的經驗和研究。會上漲的股票就會繼續上漲，會下跌的股票就會繼續下跌。運用優秀眼光選擇出來的股票會成為最茁壯的樹苗，在你退休之前抵禦病蟲害的侵襲，並帶來豐富的果實和豐厚的收益，成為你人生中很重要的股票。

現在世界上正在經歷許多的改變。人工智慧、機器人、自動駕駛、物聯網、大數據、5G、自然語言處理、雲端服務等，第四次工業革命早在 2010 年代就已經開始，而我們也正在經歷這場變革。

和以往的工業革命不同，如果說過去的工業革命是發明了許多有益於人類的新技術，那麼第四次工業革命基本上就是運用嶄新的技術取代之前由人類來扮演的角色。

就像微軟的執行長薩提亞·納德拉（Satya Nadella）所說的一樣，在新冠疫情之後，人們的認知出現了很大的

變化，我們的未來也變得更加超前。人們開始覺得在家進行遠端工作是一件理所當然的事，對於空間和勞動力也有了新的認識。

自從 1970 年代以來，科技依照摩爾定律（Moore's Law）呈現出等比級數的發展，並且大幅降低生產成本。人工智慧的發展大約在三十年後可能會超過奇異點（singularity），最後超出人類可以控制的範圍而進入超智慧（super-intelligence）的階段。人工智慧不僅被應用在金融、自動駕駛、翻譯、診斷、天氣預報等領域，還能夠透過深度學習（deep learning）一次性地在好幾個領域實現多元智慧（multiple intelligence），並與機器人結合發揮驚人的力量。

各大企業也努力和這個急遽變化的世界保持一致的步調。光是一些在 2010 年代還處於初期階段、無法盈利的第四次工業革命相關企業，現在都已經實現大規模生產並開始獲得金額龐大的利潤。像谷歌、蘋果、微軟、亞馬遜、元平台（Meta Platforms，原為「臉書」）、輝達、特斯拉這一類企業，現在正引領著全球的第四次工業革命。除此之外，人工智慧、自動駕駛、元宇宙、擴增實境、雲端服務、電子商務、太空產業、機器人、無人機等各個領域的研發成本也在不斷攀升。

第四次工業革命潛在市場規模（TAM）和年均成長率：

- **雲端市場**：預計會從2022年的4453億美元增長到2026年的9473億美元，年均複合成長率（CAGR: Compound Annual Growth Rate）是16.3%。
  - 代表企業：亞馬遜、微軟、谷歌、蘋果。
- **人工智慧市場**：預計會從2021年的583億美元增長到2026年的3096億美元，年均複合成長率是39.7%。
  - 代表企業：亞馬遜、微軟、谷歌、輝達、IBM、元平台、Adobe、蘋果。
- **電動車市場**：預計會從2020年的1630億美元增長到2030年的8237億美元，年均複合成長率是18.2%。
  - 代表企業：特斯拉、路西德、福斯、通用汽車、福特、現代、蔚來（Nio）。
- **虛擬實境及元宇宙市場**：預計到2027年會增長到1012億美元，每年成長37.4%，全世界成長率52.5%。
  - 代表企業：元平台、微軟、谷歌、輝達、蘋果。
- **可穿戴技術市場**：預計會從2022年的279億美元增長到2026年的740億美元，每年成長17.65%。

- 代表企業：元平台、微軟、谷歌、輝達、蘋果。
- **擴增實境市場：**預計會從2020年的41億美元增長到2028年的977億美元，每年成長48.6%。
  - 代表企業：微軟、谷歌、蘋果、三星、VUZIX。
- **半導體市場：**預計會從2021年的4522億美元增長到2028年的8031億美元，年均複合成長率是8.6%。
  - 代表企業：輝達、AMD、高通、三星、台積電、艾司摩爾。
- **電子商務市場：**預計會從2021年的4522億美元增長到2027年的16兆2156億美元，年均複合成長率是22.9%。
  - 代表企業：亞馬遜。

就像這樣，不只是大型的科技巨頭公司，許多中小型科技和軟體公司也在第四次工業革命中做出了貢獻。長期以來，在我們生活中不可或缺的消費品、公用事業、能源和醫療保健這些公司可以不斷創造收益，而且具有持續性。但是在 2025 年後的未來十年內，對我們的世界和生活產生更大影響的企業，可能就是這些領導第四次工業革命的公司。

2022 年由於通貨膨脹和各國政府的貨幣財政緊縮政

策，成長股可能會在短期內面臨困境，不過如果你考慮到的是 2025 年之後、甚至是到退休的長期規劃，在股價大幅下跌時一點一點逐漸買入也是一個明智的選擇。希望你可以努力學習、展望未來、積極地投資，長時間持有股票並藉此獲得很好的投資報酬。也希望你能夠有能力培養自己的眼光，好好挑選到可以打出彼得・林區所說的十壘安打（Ten bagger）的股票。

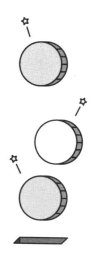

分散投資
我的新工作是
投資組合（portfolio）經理

　　如果把資金用來投資股票這種風險性資產，比什麼都重要的就是風險管理。要是將所有資金都集中投資在同一支股票上或同一個產業裡，也就是所謂的「All in」的話，就會因為沒辦法管理好風險，增加面臨嚴重損失的可能性。大家常說「不要把所有的雞蛋放在同一個籃子裡」，就是在說這種情況。

　　第二次世界大戰結束後的七十多年當中，有許多公司創立、然後消失。有些公司在漫長時間的競爭中存活了下來，但有些公司則在競爭中被淘汰、關門大吉，並對全球經濟造成了重大危機。2008 年雷曼兄弟的破產就是一個例子。假如做了分散投資，即使有一家公司破產，整個投資組合的損失也會相對小一點，所以可以有效減緩衝擊、繼續待在股票市場上，心理層面也比較能夠承受。

　　看著第四次工業革命的浪潮，只持有成長股或是只持有電動汽車、半導體類股……等，這些都不是適當的分散投資。因此，**關鍵是要根據每年的趨勢進行股票比重的調整、把投資組合重新平衡一次（rebalancing），合理劃分價值股、成長股、大型股和小型股，做出適當的應對和防禦。** 在某些年度，可以把價值股佔比調整成 70%、成長

股佔比調整成 30%；然後到了另一個年度，可以再把價值股佔比調整成 30%、成長股佔比調整成 70%。只有在充分了解市場宏觀趨勢的基礎上，依照不同的時機進行適當調整、重新平衡，才能有效應對風險。

我們可以直接把投資股票當成一份新的工作，就像基金經理一樣。經營自己的投資組合，依照不同的時機點進行調整、重新平衡，然後適度分散投資。這就表示我們在投資股票時，不能像蘆葦一樣輕易地被其他人的觀點動搖，而是必須用專業的態度和專業知識進行自己的研究和投資。

傳統上，分散投資是投資風險性資產的一種良好策略。分散投資全世界的股票是一個安全且穩健的做法，被動追蹤指數的表現來進行投資也是一種安全的策略。把資金用來分散投資台灣和美國的股票也是一個值得參考的方法。很多人對於是要在國內投資、還是在美國投資抱持不同的意見，但是如果將市場放到全世界的範圍內來觀察，適度地在國內和美國之間調整投資比重，就是一個很好分散風險的方法。

富爸爸的買股筆記

台灣股票和美國股票投資的優缺點

有許多全球性的知名企業都在美國紐約證券交易所（NYSE: New York Stock Exchange）和那斯達克

（Nasdaq）上市。另外像是荷蘭皇家殼牌集團
（Royal Dutch Petroleum(Shell)）、艾司摩爾、樂金
顯示公司（LG Display）等一些來自歐洲和亞洲的優
秀企業，也會透過美國銀行或經紀商（broker）用美
國存託憑證ADR（American Depositary Receipts）
的形式上市。

　　這些優秀企業是在全球市場當中進行生產和銷
售，所以比較不會受到特定國家的地緣政治風險影響
（像是戰爭問題等），也比較沒有被各方勢力操縱股
價的風險。因此，可以認為美國股票市場是全球最安
全的風險性資產市場。大部分的海外資金都會傾向投
資美國市場，好處是為數眾多的公司都具有長期看漲
的潛力。

　　不過需要留意的是，我們在評估美國股票時，往
往會單純用國內市場的基準來衡量，而忽略了要觀察
它在全球市場上的表現。

　　美國公司具有相當高的透明度和道德水準。自從
2001年發生安隆事件之後，除了原本1934年通過的證
券交易法（Securities Exchange Act）外，還通過了
沙賓法案（Sarbanes-Oxley Act of 2002）等法律，委
員會更加嚴格地要求公司公開各項的報告記錄。另
外，也開始對公司的會計師、審計以及員工進行嚴格
的監管，並且加重了違反證券法的刑事責任。

　　一般美國公司是由專業經理人（CEO）、專業財

務長（CFO）、專業法律顧問（CLO）、專業技術長（CTO）、專業醫療長（CMO）等共同運營。我們可以在公司的網站上輕鬆地查閱他們的履歷，如果他們做出不道德或是非法的行為，員工可以直接向董事會申訴，而且法律制度也保障他們可以向公司外部提出報告。

投資美國股票的缺點是有匯率波動的風險，而且和公司相關的資訊都是英文，要直接獲得可靠的消息會比較困難。最重要的是，美國和台灣的時差相差13（夏令時間）到14小時，可能會有一段時間不適應晚上和清晨的股價波動。除此之外，在和國內股票相較之下，美國股票中也有比較多公司的估值過高。

這些美國股票市場的缺點，有可能是國內股票市場的優勢。國內市場上也有許多具備全球市場競爭力的企業，像是台積電、聯發科等，也可以找到多家價值被低估的優秀公司。但是另一方面，因為台灣市場的規模相對比較小，所以面臨國外資本和地緣政治的風險會更高，而且許多大型企業並沒有引進專業經理人制度。

在美國投資股票時為了分散風險，典型的作法是持有大約二十到三十支股票，不過這並沒有一個確切的數字。在 1977 年至 1990 年的二十三年間，傳奇投資人彼得·林區透過操作麥哲倫基金（Magellan Fund）實現每年接近30％的報酬率，他也說不要只是單純為了分散風險而持有很多支股票。

最理想的方式就是徹底研究清楚每一家公司，一步步買到二十到三十支股票。不過一般因為投資金額有限，即使我們研究了五十家公司也沒辦法全部都買下來。正如華倫·巴菲特所說的，投資股票和棒球不一樣，就算沒有打出每一顆球也不會被三振，並不是一定要擁有很多股票才能成為有錢人。

一開始投資金額有限時，建議可以先投資少數公司，之後等投資金額增加之後，就可以逐步持有二十支以上的股票。也有一些避險基金儘管操作著好幾千億美元，卻只持有特定幾家公司。例如比爾·艾克曼（Bill Ackman）操作的潘興廣場（Pershing Square）就只持有勞氏公司（Lowe's）、希爾頓和奇波雷（Chipotle）等 6 家公司的股票而已。

同時持有好幾支股票可以更好地分散風險，但要是買的公司數量太多，反而不容易即時應對並適時管理各種市場的變數。我們需要持續監控每家公司的經營狀況和周邊環境等等可能對公司造成長期影響的因素，假如持有太多股票，對於還要兼顧職場工作的人而言，管理起來會十分

困難。萬一遇到緊急狀況、需要立刻避免損失的話，要處理得當也會變得難上加難。

華倫・巴菲特的老師、《智慧型股票投資人》一書的作者班傑明・葛拉漢（Benjamin Graham），也建議把80％的資金投資在 ETF（Exchange-traded Fund，指數股票型基金），並且把剩下的20％用來投資自行研究挑選的個別股票。ETF 是將各種不同類型的股票集中在一起，可以看成一種風險分散的最佳化產品。像是美國那斯達克裡集結了許多優質成長股的 QQQ（1999成立的 ETF，主要是追蹤大型科技股指數），還有追蹤標準普爾500指數的 SPY 和 VOO 等產品。爸爸會把85％的資金用來操作相對安全、追蹤指數的 ETF，然後把剩下的15％用來投資我自己研究的個別股票，預計大約在二十支左右。

自行研究並選擇個別股票的方法有很多，其中一種叫做由上而下法（top-down），另一種則是由下而上法（bottom-up）。由上而下法是先對整個產業領域有了通盤了解後再進行投資，由下而上法則是指從周邊的公司當中逐一挑選喜歡的進行投資，不受到產業類別的限制。

爸爸認為由上而下法是一個不錯的方式，先閱讀多個不同產業領域的產業報告，然後從至少未來五年以上前景長期看好的領域中，挑選出最具競爭力的領頭羊股票。**領頭羊股票指的是在那個領域當中最好的股票，至少未來五年的時間內都可以保持壟斷地位、不會被競爭對手擊敗並且擁有優秀成長潛力的公司。選擇領頭羊股票不僅可以降低風險，還可以達到穩定投資、穩定獲利的目的。**

當然，如果你採取的是成長策略型的投資方式，也可以買進能在短期內成為該產業領頭羊、快速成長的公司。特斯拉就是一個典型的例子，特斯拉在第一代電動車當中藉由自動駕駛技術引領了第二代電動車的變革，可以說登上了電動車公司當中的龍頭地位。

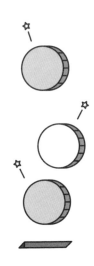

槓桿投資
絕對不要借錢來投資

透過借貸的方式取得資金、用少量資金產生巨大的投資效益，這種方式就稱為槓桿（leverage）投資，也就是運用貸款進行大額投資。在像不動產這種沒有劇烈波動、而且長期穩定的資產，用借款負債來進行投資的槓桿投資法有相當不錯的成效。還有像是創業或經營公司等情況，專家們也會借款來籌措並維持投資資金，就像債券一樣。

然而對於個人投資者來說，使用槓桿投資法來操作股票這種波動性非常高、而且資金隨時都有可能被淘空的投資標的，要承擔的風險太過龐大了。沒有不動產等當作抵押品的貸款利率都很高，還有固定的還款期限，所以有時候可能還必須出售股票來償還債務。萬一遇到股票經歷調整期、需要一段比較長的等待時間，但這時候又必須在股價恢復之前出售股票的話，就會造成損失。

不同公司有不同的作法，有些公司可能會讓你用目前在證券交易所持有的股票作為擔保、借錢進行投資，這又叫做保證金交易。不過我想說，我並不建議這種做法。如果把目前持有 40% 的股票當作保證金用來借款，當股價下跌超過 60% 的時候，證券公司就會用強制結清的方式償還借款，這被稱為強制平倉（或追繳保證金，margin call）。雖然繼續等待下去股價有可能會恢復，但在面臨巨大損失、

被強迫賣出股票之後，你可能再也無法購買這些股票。

　　就像是比爾黃（Bill Hwang）的 Archegos 爆倉事件 [1]一樣，2021 年隨著成長股的波動性增加，很多美國避險基金面臨強制平倉的情況，損失金額從數兆台幣到數百兆台幣不等。2022 年初那斯達克市場崩盤，非常多的成長股重創了 70% 到 80%，多數個人投資者包括避險基金都被強制平倉、面臨無法承擔的重大損失。就連專業的避險基金也很難預測市場行情的走向，所以以個人身分使用保證金進行投資是一件相當危險的事。

　　有些人選擇投資 TQQQ、SOXL、FNGU、BULZ、QLD……等號稱可以帶來兩到三倍收益的國外 ETF，然而這就跟預測市場走向的一場賭博沒有兩樣。因為它的性質就是認為市場走勢在短期之內必定會向上攀升，然後對此進行下注一樣，要承擔的風險也會擴大兩到三倍。想要降低風險，我們可以選擇追蹤大盤指數的 ETF，不需要把風險拉高兩到三倍增加虧損的可能性。

[1] 譯註：前亞洲老虎基金（Tiger Asia）基金經理人比爾·黃（Bill Hwang）旗下的 Archegos Capital，操弄高槓桿虧損，讓多家銀行踩雷，對包括野村證券、瑞士信貸等多家金融機構造成重大影響，俗稱「Archegos 爆倉事件」。

在投資這類的槓桿 ETF 時，大部分的人傾向會把一大筆資金全數投入其中。市場表現非常好的話，的確可以獲得相當豐厚的報酬；可是當市場出現長期波動或暴跌，像 2022 年 5 月股價暴跌 80%，這時候無論是物質層面或心理層面都必須面對龐大的損失。還有，如果預期市場走勢會波動和下跌，借貸投資 SQQQ 這種反向做空 3 倍的 ETF，後來市場走勢卻意外上漲，這麼一來就可能會造成損失金額比本金更大的情況。

　　總而言之，對於希望可以持續穩健投資到退休的長期投資者來說，負債是一個沉重的負擔。它就像是我們溺水時一條纏住腳踝並將我們拉向深淵的繩索，非常危險。兩到三倍的槓桿倍數是個黑暗的陷阱誘惑，可能會讓我們在短短的時間內陷入困境，應該要小心避免才行。

市場預測
那些預測市場的人都是騙子

在股票投資時最需要小心的就是「市場預測」，建議還是要聆聽並遵循那些值得信賴的傳奇投資大師所說的話。華倫·巴菲特曾說，要懂得應對、不要預測；彼得·林區也建議不要試圖預測利率，而是好好學習歷史。

許多經濟媒體和 YouTube 上經常可以看到消極的預測，聲稱市場將會出現波動或崩盤，即使我們知道短期預測並不可靠，人們還是會努力地去進行這些沒有意義的預測。沒有任何人能夠精準預測包括股票和債券在內的各種投資市場趨勢，就算預測中了幾次，但只要出錯一次便有可能會一口氣賠光所有資金，因此我們不應該相信預測、把資金拿來作為賭注。

這些趨勢預測往往來自那些悲觀的人對市場的看法，他們押注股價會下跌，接著拋售所有股票或進一步做空。專家或知名 YouTuber 經常引用預測市場會波動或崩盤的專家意見，藉此引起人們的不安感。在這種情況下，即使當下並沒有出現市場波動，而是等過了好幾個月、甚至一到兩年之後才發生，還是會讓一些人覺得預測好像是對的。不過其實市場在一年當中本來就必定會有一兩次的波動，並不是因為那些預測是正確的。

當然有時候股票價格下跌，雖然跟預測提到的波動和

下跌原因沒有任何關係，卻可能會讓人覺得那些預測看起來是對的。這時候如果盲目地相信消極預測而賣出股票，不僅會錯失這段期間當中所有因為市場趨勢攀升而獲得豐盛報酬的機會、心裡一片茫然不知道該不該再把這些股票買回來，而且等市場波動或崩盤實際出現時還有可能會害怕到沒辦法買進。

正當我們猶豫不決的時候，公司業績可能在某個時刻突然好轉或是釋出利多的好消息，於是股價持續飆升，我們也錯過了可以再次買進的時機。就像是一隻遠走高飛後再也抓不回來的鳥一樣，我們也不會再見到那支已經不翼而飛的股票。到最後，我們就會不斷陷入消極的想法裡、光是一心出售股票，結果無法再買進那支相同的股票、造成巨大的損失，最終黯然離開股市。

我們可以確實預測到的部分是：真正優質的股票不會消失，就長期而言會持續上升，而且股價會一直上漲到我們退休為止。股價會隨著公司的基本面上升或下跌，只要公司的業績表現好、股價就會跟著上漲，雖然可能會在每個當下受到市場影響而出現波動、震盪，但最終還是會再次向上攀升。所以，**我希望你的信心不要在股價波動或暴跌時動搖，保持積極的想法和態度並繼續持有股票**，最後就可以獲得一大筆資金；但是相反地，消極的想法和態度會讓你一直賣出股票、不斷賠錢，最後得不償失，一定要記住這一點。

從這個角度出發的話，最適合你的投資方式就是**定期**

定額投資（DCA：Dollar Cost Averaging），其他內容後面會再更詳細地說明。如果你每個月都有收入，就可以每個月拿出固定金額的錢買股票。或是也可以選擇把一筆投資金額分成 12、24、36、48、50 等分，在每個月的固定日期持續買入。最後等到你退休時再回過頭來看，就會發現在波動期間用低價買入的股票和在旺季用高價買入的股票一起平均下來，是用一個合理的價格買進了股票。這個作法可以避免自己受到短期股價波動的心理影響，最終透過複利效應讓投資金額大幅增長。

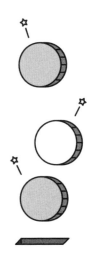

堅守原則
為了實踐原則付出努力

投資中最重要的原則是：為了實踐原則付出努力。我們透過書籍接觸到很多古代的哲學家、學者和成功人士的智慧。他們在自己的人生中不斷努力尋找真理，也透過書籍努力將這些內容傳遞給我們。

華倫·巴菲特的朋友和合作夥伴查理·蒙格（Charles Munger），以及比爾·蓋茲（Bill Gates）都一再強調閱讀的重要性，因為書籍當中蘊含了非常豐富的知識。投資大師們也都希望可以透過自己專業的知識和曾經失敗的經驗，將智慧分享給我們。就像爸爸現在也透過書籍和你分享我過去二十多年來的投資一樣，許多作家寫書的目的是藉由分享他們所找到的真理來獲得快樂。雖然我們往往不太喜歡聽老生常談的內容，但是只要不去做那些資深投資大師們告訴我們不要做的事，我們就能在投資中獲得成功。

然而更重要的是，我們在實踐所學到的這些生活智慧時，會不會無法一直遵循下去。在這個世界上失敗的人比成功的人多，也是出於同樣的原因。持續堅守原則需要非常龐大的耐心和努力。因為世界上有無數的誘惑，不斷地引誘我們打破這些原則。不同的國家、不同的文化底下的人都會在自己所屬的小小共同體當中創造屬於自己的新規範、新原則，並強迫我們要遵從。

又或者是，我們可能會陷入最近很流行的「錯失恐懼症（Fear Of Missing Out, FOMO）」狀態，擔心落後並錯過大多數人跟隨的潮流，於是被迫跟上大眾的趨勢。還有在打破這些原則的過程中，我們每個人內心根深蒂固的貪欲也發揮了很重要的作用。當人們心裡渴望追求高報酬時，往往會讓人變得心急，於是選擇進行高風險的投資。

投資，當然也包括股票，其實跟人生非常相似。人們覺得生活中打破宗教和哲學提到的許多好原則是一件理所當然的事；同樣地，人們也會認為在投資時打破大師們強調的重要原則也是一件理所當然的事。華倫・巴菲特曾在 2022 年說，美國股市已經變成了一個賭場，這表示他看見市場上有許多原則都已經被破壞殆盡。雖然我們可以找藉口說別人都這麼做，替自己犯的錯誤辯解，然而原則一旦被破壞，也會隨之出現我們無法挽回的結果，千萬別忘了這點。

儘管投資原則的破壞可能會帶來暫時的報酬，但我們也可能因為一次的失誤而陷入無法回頭的困境。特別是到了年老的時候，因為可以恢復損失的時間已經所剩不多，所以一次的錯誤可能會讓我們對生活的希望完全消失。提高風險的確可能獲得更高的報酬，可是相對的也有可能向下墜落到補救不了的地步。

爸爸希望你能夠堅定地遵守你所學到的投資原則，即使在面對困難的時候，也可以按照原則實踐並堅持下去。就算偶爾會覺得未來看起來一片漆黑、充滿不確定，這些

原則也將會在你所走的道路上成為最堅固的護欄保護你，
我相信你的長期目標會成為那一道不間斷照耀的光，指引
你向前邁進。

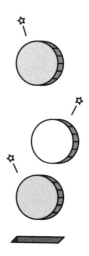

CHAPTER

3

適當的策略
是必要的

"

　　如果說原則是必須一直堅持到退休的基本信念，那麼可以把策略看成每一年或每一個季度運用資金的方式。要是可以妥善透過制定出適合當下情況的策略來運用資產，即使面對緊急狀況也能夠靈活應對危機並做出反應。

　　股票市場是一個充滿危險的戰場，假如跳進這個戰場卻沒有規劃任何策略，就算擁有很多武器和彈藥，還是有很高的機率可能淪為被子彈射中的犧牲品，並在這場戰爭中失敗。就像《三國志》和《孫子兵法》中所描述的一樣，在實際戰爭中經常會出現運用良好的戰略，只憑很少的兵力就取得勝利的情況。同樣地，在股票投資中只要使用適合的策略，即使只有很少量的資金也可以在短時間內減少損失並獲得很高的報酬。

　　一般來說，投資股票有四種基本策略，包括「價值投資」、「成長投資」、「動能投資」和「定期定額投資」的策略。不需要執著於堅持特定的單一投資策略，可以根據情況適度結合這四種策略靈活運用，最大限度地提高效率，同時達到穩定收益的目標。

"

定期定額（DCA）儲蓄型投資
適合運用在股票市場
趨勢向上攀升時

　　儲蓄型投資是為了把股票市場的波動性降到最低而使用的策略。它又被稱為「定期定額投資」（Dollar Cost Averaging, DCA），概念是取出每一美元成本的平均值會趨於相似。意思就是把原本的一整筆的投資資金分成 12、24、36、48、50、62 等分，然後間隔固定的時間，例如每個月或每兩週購買股票一次。在美國，通常投資的人會在每個月發薪水時提撥出 10％或 5％的金額，定期投資像是 401K 之類的退休金計劃，這也是儲蓄型投資的一種形式。

　　爸爸我也從 2008 年開始透過退休金計劃（403B）進行儲蓄型投資一直到現在。如果事先設定好要撥款到某一檔基金或 ETF，這樣每次發薪水的時候就會自動撥一筆錢到那一檔基金裡，不需要另外花心思處理，可以更專注在自己的主要工作上。只要每個月的薪水入帳，資金就會自動投資在股票上，這麼一來在股價比較貴時就會用比較高的價格買進，而在股價比較便宜時就會用比較低的價格買進。

　　這種作法獲得的結果是到退休的時候，平均起來就會等於是用合理價格購買了所有股票。爸爸也運用這種輕鬆的方式進行操作，就算沒有太認真地關注股票市場，也不

會覺得很有壓力,而且隨著時間的推移,還累積了一筆相當可觀的資金。從 2008 年到 2022 年的這十四年當中,雖然出現了大約三年左右的虧損,不過平均算起來每年都可以獲得大概 10% 的報酬。和銀行不到 1% 的利率比較起來,已經算是一筆很豐厚的收益了,還可以在七年內獲得兩倍的報酬。考量到一些公司可能會有破產的風險,如果要採用這種投資方法,會建議投資追蹤風險最低的國際股權指數基金(International Equity Index Fund)或標準普爾 500 指數等優質股票的被動型 ETF。

定期定額投資方式的好處是不需要考量市場的波動問題,可以在沒有壓力的情況下輕鬆投資。因為是將一大筆資金分散之後進行投資,即使不小心犯錯也有來得及挽回的空間。對於剛開始投資股票的人來說,與其在還沒研究清楚的狀態下隨隨便便先買進股票,不如花一段時間進行心理鍛鍊,所以**這個方法是最適合初學者的投資類型**。

定期定額的投資方式特別適合運用在股市趨勢持續向上攀升的時候,像 2009 年到 2018 年這一段時間,股市大部分都處在持續上升的趨勢,收益的表現也相當不錯。不過在盤整或循環的市場中,這種策略很難獲得高額報酬,至於像日本這樣整體趨勢持續下跌的市場中,這種策略可能會表現不佳。因為美國市場持續有資金注入 401K 等計畫,整體呈現出上升的走勢,所以適合採用這種儲蓄型投資,可是像日本這樣的亞洲市場可能就不太適用。

定期定額投資在變動幅度很大的波動市場中最能夠發

揮作用。在指數下跌超過 10% 的調整市場或下跌超過 20% 的熊市（bear market）中，人們可能會害怕股價持續下跌，因此很難下定決心買入股票。面對不確定底部在哪裡的情況，要買入股票需要很大的勇氣。不過在調整市場中，低價買入的股票在未來獲得巨大利潤、讓投資者成為有錢人的機會也相對更高。

與其出於恐慌心理而選擇賣出股票、或等待進場，不如在股票價值大幅下降的時候積極買入。在市場走低的時候、分批一點一點買入是一個明智的做法。

定期定額投資方式可以看成是分批買進的一部分。在調整期間可以根據每個月薪水的多寡，或是根據事先劃分好的固定金額積極地定期買入。這種機械化投資策略的關鍵，就是可以讓投資人在心理狀態不被影響的情況下進行理性投資。

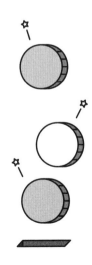

價值投資
股票一定要用便宜的價格購買

　　價值投資策略是指以低於股票的合理價值或資產價值的價格買進股票。這些運用價值投資策略進行投資的人，就稱為價值投資者。在近年出現 COVID-19 疫情或俄烏戰爭等利空消息導致股市暴跌，或是出現經濟振興政策等利多消息導致股價大幅上漲等狀況時，價值投資者都會認為這時候的股價已經偏離了原本應該反映出公司基本面的合理價格，並且只會在他們相信股票價值被低估時進行購買和投資。

　　安德烈・科斯托蘭尼（Andre Kostolany）在他著作的書《一個投機者的告白（Die Kunst über Geld nachzudenken）》中提到了一個比喻，他把股票比喻為小狗和主人的關係。就像一隻小狗在外面散步時跑得離主人比較遠，但是最後終究還是會回家一樣；把時間拉長來看，股價最終也會接近公司的基本面。

　　當公司的股票價格比合理的股票價格更低時，兩者之間的差距就稱為股票的安全邊際（margin of safety）。這和向證券公司借錢進行的保證金交易（margin trading）是不同的概念。有些人會誤以為借的錢少一點、避開強制平倉問題（margin call），也就是借的保證金（margin）在安全範圍內就叫安全邊際（margin of safety），但這是意思

完全不一樣的兩件事。沒有真正安全的保證金（margin），根本不該使用。**安全邊際指的是在股價被低估的情況下進行投資。**

　　價值投資者認為當安全邊際的範圍很大的時候，就像是股票的價格打折一樣，這時就可以在低價位買進。用這樣的方式進行投資可以避免自己在計算股票的合理價格時出現錯誤，即使股價下跌也不會遭受重大損失，而且如果公司持續成長、股價上漲的話就可以期待獲得更大的報酬。

　　這就像是把投資股票看成像是購物一樣。很少有人願意用標籤上的原價買回百貨公司裡賣的昂貴衣服，尤其是已經養成了投資習慣而不是消費習慣的人，更不會願意花原本的價格買下那麼貴的衣服。他們可能會等到百貨公司打折的期間再把自己平時需要的衣服買回家，或是到 Outlet 用稍微便宜一點的價格購買，藉此節省開支。想用打折之後的價格買到衣服就跟安全邊際的情況一樣，如果是用原價買的話，就會比在其他賣場買的更貴，但如果已經過季、進入打折期間才買的話，價格就會下跌，所以需要事先做好準備才能立刻應對。

　　股票投資也是類似的情況。價值投資是在平時事先準備好閒置資金，然後一邊研究的同時，等市場處於景氣不佳的狀態、而且股價下跌的時候買進自己想擁有的股票。華倫‧巴菲特和他的老師班傑明‧葛拉漢，可以說是十分典型的價值投資者。巴菲特總是建議投資人隨時都要準備好可以進行投資的現金。如果已經遵循前面提到的原則來

進行資產配置，就算市場出現利空因素、或是媒體上出現了負面消息，我們也能夠保持冷靜的心態、不會過度反應，還可以在股價下跌時用比較低的價格買到股票。

富爸爸的買股筆記

現金流量折現法（Discounted Cash Flow, DCF）

現金流量折現法是一種在「預估」未來現金流量的基礎之上，預測並計算目前投資價值的估值方法。換句話說，就是透過預測未來可以賺取多少錢來掌握現在的投資價值。這個方法經常在進行投資決策、併購（Mergers and Acquisitions, M&A）使用，也會在制定預算和決定運營成本時使用。

如果使用現金流量折現法計算出來的合理價值比現在投資的價值高出很多的話，便可以樂觀期待未來將會獲得不錯的報酬。另外，未來現金流量是根據加權平均資本成本（Weighted Average Cost of Capital, WACC）計算的。計算公式如下：

$$DCF = CF1 / (1+r1) + CF2 / (1+r2) + CFn / (1+rn)$$

其中CF代表那個年度所定的現金流量，CF1表示第一年、CF2表示第二年、CFn則表示額外的年度。r

代表折現率。舉例來說，如果在三年當中每年都賺取100美元，那麼折現率就是10%，算式就會寫成「100 / (1+0.1) + 90.91 / (1+0.1) + 82.64 / (1+0.1) = 248.68美元」。雖然總共賺到的錢是300美元，不過DCF的合理股價算出來是248.68美元，假如目前的股價是200美元，那麼初期投資的費用就是200美元，而預期可以獲得48.68美元的潛在利潤（安全邊際）。

現在價值比未來價值更高，所以適用加權平均資本成本（WACC）的折現率。這個概念是說，如果現在的95美元用5%的折現率，就會和一年之後的100美元價值相等。像2022年～2023年這段期間，美國都處在利率上升的時期、折現率上升，因此合理的股票價格也會同時下降。

在網路上可以輕鬆找到提供計算現金流量折現的計算機或網站，例如AlphaSpread.com。而在Google上用關鍵字搜尋WACC和公司名稱，就可以輕鬆找到現金流量折現率。然而，最關鍵的就是要用現金流量折現法計算出來的合理股價，藉此正確地掌握投資的未來價值。未來的現金流量應該要考慮到市場需求、經濟狀況、技術、競爭，以及各種機會和威脅等一切因素。

除此之外，我們還需要確定適合的加權平均成本（WACC）折現率。這個折現率不僅要考量到整體市場狀況，還要考量公司的成功和失敗風險。所以對於

產業結構和未來現金流都非常複雜的公司，或是對於難以評估風險的公司來說，現金流量折現法並不是一種評估價值的適合方法，應該要和其他可以相互比對的價值評估方法一起使用。淨現值法（Net present value, NPV）是現金流量折現法更進一步的計算方式，只單純計算現在價值。只需要把在投資中產生附加的前期（upfront）成本扣除就可以了。

就前面提到的例子來說，假設在248.68美元裡面有100美元用來支付前期成本，那麼淨現值（NPV）就是148.68美元。

現在讓我們用現金流量折現法（DCF）來計算特斯拉在 2022 年的合理股價。

假設特斯拉未來的銷售額是 1130 億美元（2023 年，營業利益率 20.77%）、1710 億美元（2024 年，營業利益率 21.35%）、1790 億美元（2025 年，營業利益率 21.28%）、2210 億美元（2026 年，營業利益率 20.65%）、2580 億美元（2027 年，營業利益率 20.02%）和 2830 億美元（2028 年，營業利益率 19.39%），那麼計算出來的公司自由現金流量（Free Cash Flow to the Firm, FCFF）就分別是 220 億美元（2023 年）、340 億美元（2024 年）、330 億美元（2025 年）、380 億美元（2026 年）、410 億美元（2027 年）和 410 億美元（2028 年）。

如果我們將 8.23% 的加權平均資本成本（WACC）折現率應用到上述這些數字，得到的現值就分別是 210 億美元（2023 年）、290 億美元（2024 年）、260 億美元（2025 年）、280 億美元（2026 年）、280 億美元（2027 年）和 3390 億美元（2028 年）。把這些現值加總起來會得到 4710 億美元，再除以所有已經發行的 10 億股股票，就會算出每股 471 美元的合理股價。參考 2022 年 5 月 13 日當下的股價是 728 美元，因此可以看出這一檔股票價格是被高估的。

　　不過，這些計算並沒有考慮到目前上海工廠將會加倍擴建、還有最近開始運作的德州和柏林工廠銷售等因素。另外因為計算中使用了 8.23% 的折現率，所以有相對比較大的誤差範圍，而且這個股價也不符合現在著名分析師所預測的 1100 到 1500 美元的目標股價範圍。

　　價值投資者會根據公司的基本面數據計算出絕對性的合理價值，並且和其他公司進行比較計算出可能的相對數值，這一整個過程就稱為估值（valuation）。預估價值的方法可以利用公司的銷售狀況、營收、現金流和資產價值等指標進行計算。學習會計學和金融學就能夠輕鬆掌握這些計算方法，現在還可以透過書籍或 YouTube 等管道學習，十分方便。

　　這些數據幾乎所有的證券公司，包括 Google 財經（Google Finance）和 Yahoo 奇摩股市（Yahoo Finance）在內，都已經事先計算好並提供給投資人當作參考，所以

可以輕鬆找到。當然，這些合理股價或目標股價的計算會包含分析師或專家的「主觀」的溢價，因此建議最好採信「值得信賴」的專業分析師所計算出來的結果。

　　我們可以透過預估價值觀察，如果某支股票的價格比相同類別的產業平均及其他類似公司的數字更低，或是比計算出來的絕對性合理股價、目標股價更低，就可以選擇買進這支股票。估值的時候絕對不能只單獨仰賴像現金流量折現法（DCF）的一種指標，必須包含各種比對指標，進行全面性、綜合性的考量。既然要選擇，最好是挑選在各個方面的數據都表現優秀的公司，這樣才能長時間生存下來並實現成長的目標。

富爸爸的買股筆記

相對估值

　　相對估值可以運用股價淨值比（Price-to-Book, P/B）、本益比（Price-to-Earning, P/E）、股價營收比（Price-to-Sales, P/S）、企業價值倍數EV/EBITDA（Enterprise Value/Earnings Before Interest, Taxes, Depreciation, and Amortization）等計算，這些都稱為估值倍數（valuation multiples）。除此之外，還可以參考企業價值倍數EV/EBIT（Enterprise Value/Earnings Before Interest and Taxes）、股東權

益報酬率（Return On Equity, ROE）等顯示公司價值和成長的多種指標來進行投資。

股價淨值比（P/B）

將公司的總市值（股價×總發行股數）除以公司的總資產價值，就是股價淨值比（P/B）。如果推算覺得公司的股價低於資產價值，就可以認為公司的評價被低估。傳統的價值型投資者會認為這表示公司不會陷入困境，在破產之前可以藉由出售資產來解決債務問題。

本益比（P/E）

一般也稱為PER（Price-to-Earning Ratio），表示每1美元的股價可以產生多少美元的利潤，和其他相同產業的股票進行比較就能夠判斷這支股票是便宜還是昂貴。算法就是把公司的總市值除以當年公司的淨利，假如算出來的本益比是20，就表示公司的盈利需要20年才能達到目前的股價。這是投資者最常關注的指標。

成長型股票的本益比是20還在合理的範圍內，不過如果價值型股票的本益比是20的話，就會被認為價值被高估。從相對的概念來看，成長型股票的成長速度相對較快，因此一般會認為不需要等到20年，就可

以在更短的時間內達到總市值。

　　截至2022年4月為止，特斯拉的本益比是207.71，儘管看起來很高，但由於特斯拉的銷售成長幅度每年都達到40%以上，所以也有人認為到2025年左右，特斯拉的本益比可能就會降到25左右。因此，成長快速的公司有很高的本益比可以看成是在合理範圍內，只要低於這個水準就可以考慮購買。

企業價值倍數EV／EBITDA

　　EV並不是直接用本益比的總市值計算，而是把公司總市值加上公司負債、再扣除公司現金總額之後得到的結果。而分母也不是用本益比的淨利，而是除以EBITDA來計算。

　　將利息、稅金、折舊、攤銷的部分扣除之後，得到的結果就是EBITDA。有些人會認為這些附加項目對公司的估值沒有幫助，而有些投資人則認為這些項目非常重要。

　　至於EV/EBIT當中的EBIT（Earnings Before Interest and Taxes），則是從淨利當中扣除利息和稅金來計算。

股東權益報酬率（ROE）

　　透過比較投資金額和利潤來評估公司的經營狀況，判斷公司經營是否妥善。

其他

　　有些人會使用股利折現模型（Dividnet Discount Model, DDM）和自由現金流（Free Cash Flow, FCF）來計算股東的股權自由現金流（Free Cash Flow to Equity, FCFE）或公司自由現金流（Free Cash Flow to Firm, FCFF）。對於有配息的公司而言，應該考慮用股利折現模型（DDM）計算。如果非常重視現金流，建議可以觀察剩餘自由現金流（Free Cash Flow）來選擇投資的公司。

　　選擇扣除公司經營費用、和設備等定期資產投資費用之後現金流狀況良好的公司進行投資，是價值投資的一種方法。這些現金流量良好的公司不太容易破產，而且還可以藉由向股東配息或回購公司股份來抬高股價。

富爸爸的買股筆記

如何利用「相對估值法」計算合理股價

　　在簡單計算合理股價時，可以把每股盈餘（Earnings Per Share, EPS）或每股營收（Revenue Per Share）乘以該公司所屬的產業平均倍數（P/E、P/S）來得到結果。一般會用5、15、20等倍數，如果是成長股的話，有時甚至可以用到20以上的倍數。

不過這種計算方法簡單，出錯的風險也相對很高，因為並沒有考量到未來的競爭力和收益成長等因素。舉例來說，如果一家公司過去12個月的每股盈利（TTM: Trailing 12 months）是10美元，而相同產業的本益比是20的話，那麼就會算出合理股價是200美元（10美元×20）。

　　這個方法是假設在相同的產行業中類似的公司達到相同的銷售額和獲利，兩者就應該具有相同的價值。但是，如果這間公司成長得非常快、收益率也持續變好的話，使用相同產業的平均值就可能會算出過低的合理價值，進而錯過投資的機會。

　　所以，可以用那間公司本身的股東權益報酬率（ROE）作為倍數，而不是用產業的平均值。例如，如果特斯拉2022年的每股盈餘（EPS）是12.53美元，股東權益報酬率（ROE）是29.44，計算出來的合理股價就會是368.88美元（12.53美元×29.44）。而把2023年預期的每股盈利15.86美元乘以股東權益報酬率（ROE）29.44，算出來的結果會更高，是466.91美元。按照這個標準來說，特斯拉目前在2022年5月13日的股價大約是728美元，可以被視為估值過高。

　　傳統的量化投資者（Quantitative Trader）如果使用這種方法，就無法買進特斯拉。

　　以目前的股價來看，雖然曾經在2021年底上升到約1100美元（拆股前的價格），價格卻在不穩定的市

場中下跌至730美元左右，所以可以看出這個方法並不恰當。

　　價值投資者需要對公司進行大量研究，敏銳地觀察公司的重要變化和趨勢，藉此掌握並了解長期會造成什麼樣的影響。同時，也要觀察內部成員有沒有在出售股票、股價是不是超過了合理股價或目標股價、市場有沒有過熱等等，根據不同狀況適時獲利，這樣才有辦法抓住下一個投資機會。價值投資者是長期投資者，心態不會被恐懼和貪心影響而動搖，反而可以在波動的市場中保持穩定的情緒和心理，堅定地相信公司的基本面。

成長投資
投資具有潛力的公司

如果想要避免損失、在長時間當中獲得穩定的報酬，基本上可以採取價值投資或定期定額的投資策略。不過假如你想要獲得更高的報酬，你也可以一併採用成長投資策略。但需要注意的是，把時間拉長來看的話，有些公司可能會成長失敗，所以相對地賠錢風險也會變得更大。

因此，會建議結合成長投資和價值投資這兩種策略一起使用。傳奇投資大師彼得‧林區就是一位著名的成長投資者。彼得‧林區的混合型投資策略被稱為 GARP（Growth At a Reasonable Price，成長價值投資）策略。

成長投資是投資目前新上市、或預計將會上市並且具有強大潛力的公司。和在同一個產業中成長幅度趨緩的大型公司相比之下，投資這些公司更有機會可以達到高於平均的利潤成長。如果這家公司取得成功，就有可能創造出龐大的利潤，但同時也伴隨著更高的風險。和價值投資不一樣的地方是，這些公司獲得的評價高於內在價值的可能性也很高。

近來成長投資者都會傾向投資和第四次工業革命有關的新技術，追求快速成長、以及股價迅速上漲所帶來的價差利潤。而大多數的成長型企業比起發放股利，更偏重把獲利再次投資、進行有償增資或發行更多債券。

大部分成長股目前的本益比（P/E）或營收比（P/S）都非常高，但這些數據往往會隨著時間的推移而下降。例如目前的本益比（P/E）可能是 100，不過可以預期的是，經過幾年可能就會因為高成長而導致本益比（P/E）降到 20 以下。因此如果當下投資時承擔了很高的本益比（P/E），成長幅度一旦趨緩，就很有可能面臨股價暴跌的風險。除此之外，現在其實還有很多公司沒辦法盈利，所以無法計算每股盈餘（P/E）。這些公司通常都擁有專利和技術層面的實力，只是在短期內需要大量投入研發成本並擴充生產設備等等，所以許多面向都會有龐大金額的支出。

在選擇新興的成長型公司時，需要像價值投資者一樣做很多功課。因為這些成長型公司往往沒有受到媒體太多的關注，所以經常需要直接參訪或是透過電話了解相關資訊。相對來說，要選擇性地過濾出真實資訊就會比較困難。有時候像是設立在中國或以色列的公司，也會由於語言上的限制不容易取得確實的消息。而如果在沒有值得信任的可靠消息的情況下盲目投資，就有可能會面臨相當龐大的損失。還有另外一個常見的風險，假如有研究機構提出了主導空頭市場的報告，也會對公司造成嚴重的衝擊，會建議判斷出狀況時，務必及時退出。

基本上，投資時都會需要查閱公司每一個季度公告出來的營收報告。應該要確認公司的利益率，觀察公司是不是可以持續有效地降低成本。如果銷售額增加得很緩慢、加上無法減少成本的支出，就會限制公司的成長。同時需要運用股東權益報酬率（ROE）評估這間公司，相對於投

資的金額來說可以創造出多少利潤。建議選擇每年的股價成長 15％以上、能夠在五年內翻倍的公司，或是股價成長 20％以上、能夠在 3.5 年內翻倍的公司。

想找到這類公司，便需要觀察過去三到五年的股價走勢，藉此了解公司的動能。動能表現不佳的股票，可能會讓投資機構及個人投資者失去興趣，這樣的公司即使業績再怎麼好，股價也可能不會上漲。

價值投資者著重在以低於公司合理價值的價格買入股票，相對於成長投資者則更關注一家公司未來的成長潛力，而不是目前這個當下的估值高不高。因此對於成長投資者來說，本益成長比（Price-to-Earning Growth Ratio, PEG）是比本益比（P/E）更重要的標準。不過投資成長股的時候，要是本益成長比（PEG）低於相同產業的平均值，在策略上會建議避免購入。

大部分的小型成長股因為還沒有盈利，沒辦法計算本益比（P/E），所以通常會使用營收比（P/S）來進行估值。由於是把總市值單獨除以銷售額，在不考慮成本、稅金、折舊等因素的情況下和其他成長型公司進行比較，所以這樣的估值方法準確性比較低，風險也比較高。

本益成長比（PEG）

　　本益比（P/E）沒有考量到成長潛力，因此很難在不同公司之間進行比較。而本益成長比就是把本益比（P/E）拿來除以成長率，藉此預估公司價值的一個方式。舉例來說，如果特斯拉現在的本益比（P/E）是207.71，價值投資者（或量化投資者）可能會覺得太貴，而且本益比（P/E）有可能會下跌到20以下，因此不會選擇購買。但是，如果把207.71的本益比（P/E）除以特斯拉的銷售成長率40%，得到的本益成長比（PEG）就會是5.19。另一檔在相同產業的價值股──通用汽車（GM），本益比（P/E）是6，但成長率是2.09，因此本益成長比（PEG）就會是2.86。單純用本益比（P/E）比較這兩家公司的話，會出現高達34.5倍的龐大差距；不過用本益成長比（PEG）來計算，就只會相差大約2倍左右。雖然還是會覺得特斯拉看起來很貴，但是就不會認為它的價格貴得太離譜。

成長股暴露在避險基金賣空的可能性也會提高。在股市裡除非買進非常大量的股票，否則不會公開誰買了哪些股票，因此股市也是最容易顯現出人類貪婪的地方。各方勢力會像是披著羊皮的狼一樣隱藏自己、偷偷進場，所以中小型成長股的風險會更大，因為很容易就會變成股價操縱者的目標。踏入波動性這麼劇烈的市場中，我們很容易成為各大勢力的犧牲品，淪為豺狼虎豹的食物，所以需要格外小心。

富爸爸的買股筆記

大量收購股票的報告義務

　　台灣規定購買超過5％的股份、或之後持有股份的變動超過1％時，就有義務在十五日之內配合申報並公告法定資料，包括普通股、優先股、新股和可轉換債券等。如果是董事、監察人、高階主管、握有決議權且持有已發行股份總數超過10%的人，或是可以對公司主要營運事項行使影響力的股東，從成為高階主管或主要股東的那天起算、或是出現股份變動的那天起算，在十五日之內必須提出報告。

　　在美國也是一樣，如果持有的股份超過5％的話，持有人有義務在十個工作天之內按照13D和13G*1的規定，向美國證券交易委員會（U.S. Securities and exchange commission, SEC）提交報告。美國會把公

司的董事、管理階層、以及持有超過10％股份的人稱為內部人（insider），這些人的股權交易則必須在兩個工作天之內提交報告。內部人出售股票通常會被解讀為對公司未來抱持不確定性的消極訊號。不過也有另一種可能，持有人會在4月的稅務報告截止日之前出售因為選擇權而拿到的股票，用來支付稅款。

投資機構，包括持有超過1億美元資產的避險基金，每個季度也都需要提交13F報告，揭露機構持有的股票和股權。不過一般都會超過45天之後才揭露報告，所以就時間方面來說可能沒有太大的意義，而且報告的準確性也不會經過驗證。例如，13F持倉報告沒有辦法揭露由伯納‧馬多夫（Bernard Madoff）主導、有史以來規模最大的龐氏騙局。

因此，假如單純仰賴13F報告、陷入「錯失恐懼症（FOMO）」狀態而盲目聽從其他投資機構的投資策略，往往會帶來失敗的風險。

*1 譯註：13D、13G 是美國證券交易委員會要求的制式表格

動能投資
上漲的股票會繼續上漲嗎

　　有時候上漲的股票會持續上漲，下跌的股票也會持續下跌，這就是所謂的「動能」。動能投資策略是觀察股票價格變化的速度，並投資股價趨勢表現良好的股票，操作的時間短則三個月、長則大約一年。在一檔股票開始受到關注並出現黃金交叉（Golden Cross，短期移動平均線穿越長期移動平均線向上攀升的情況）的時候買入股票，然後在動能耗盡之前（出現死亡交叉 Death Cross 的情況）賣出股票。

　　雖然沒辦法確定動能可以持續多久的時間，不過具有良好動能的股票通常會持續上升，就像慣性一樣，維持價格和交易量成長的趨勢。具有強勁動能的股票可能會急速攀升或急遽下跌，這部分可以透過交易量和技術指標的變化來觀察。

　　然而有些人對動能投資策略理解錯誤，因此可能會根據 13F 報告而跟著避險基金進行投資，或是聽信討論區、論壇、社群媒體、YouTube 等進行「迷因（meme）」投資，又或是採取 FOMO（錯失恐懼症）投資而跟著一窩蜂地選錯了從眾策略（herding strategy）。這些手段都純粹是短期投資，並沒有辦法保證長期的未來價格趨勢。

　　動能投資的策略風險非常高，一般都是避險基金等短

期投資者使用。所以，我想建議那些考慮長期投資並計劃退休生活的人盡量避免使用這種策略。由於股票價格是反映市場心理，盲目跟從的話可能會在價格高點買入股票，然後等動能消失時，就會需要花很長的時間等待，在這段波動的期間也會造成投資者心理層面極大的痛苦。

動能投資是指買入價格持續上升的優勢股，有時也會對相同產業裡其他價格下跌的股票進行賣空，以達到避險的目的。買入股票稱為「做多」，借股票賣股票的空頭交易則稱為「做空」，這種策略也叫做「多空策略」。在第一名股票和第二名股票之間要選擇幾比幾的多空比例時，需要進行相當困難的數學計算。

有些騙子類型的 YouTuber 會煽動人們的貪欲，讓人們盲目聽從他們的話，結果相信他們的訂閱者就遇到了非常龐大的損失，這種案例時有所聞。最好從一開始就不要學習這種策略，他們自己也不太懂投資，卻聲稱如果不了解什麼什麼就都是初學者，並教導人們讓大家學習這種策略，不少人都因此蒙受了損失。

這種方法需要看得懂股票圖表並進行技術分析，也需要全天候監測市場並根據市場情況在每個當下進行快速交易，屬於專業交易員的範圍。只要稍微分心就可能面臨買入的股票下跌、賣空的股票上漲的情況，這樣一來就會出現兩倍的損失。

除非從事職業交易員的工作，否則這種策略會造成我們壓力太大、過度疲勞，因此我希望大家可以了解這種策

略是什麼，但最好不要使用。一個成功的投資人並不需要
了解和股票投資相關的所有事情，很多時候，不知道就是
良藥。

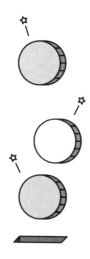

買入和賣出的時機
危機就是機會

在採用價值投資或成長投資策略時，買入的時機非常重要。要以比合理股價更低的價格買入才會出現安全邊際，避免犯下在價格高點買入的錯誤。最明智的方法就是讀懂市場趨勢，趁市場上的恐慌情緒擴散、股價大幅下跌的時候，買入優質公司的股票。

知名投資人坦伯頓（Templeton）曾經說，要在市場恐慌時買入股票；彼得・林區則提出了「雞尾酒會理論」，認為在派對上如果沒有人和他討論股市的話，那時就是買入股票的好時機。相信大家也經常聽到「危機就是機會」這句話。

我們可以藉由觀察代表市場恐慌程度的指數，了解市場的恐慌程度，但是要判斷股價是便宜還是昂貴，也就是說要找到股價的底部並不容易。假如在幾個月之前股價還在大幅下跌的股票已經回升，但回升一段時間又再次下跌到中間位置的話，這時可能會因為擔心股價再次下跌而不敢買入，也會擔心不買它、它卻再次上漲。

因此，分批買入和分批賣出的概念非常重要。這和定期定額投資（DCA）的分批買入方式很相似。分成好幾次買入的話，即使不小心在貴的時候買入，等股價下跌到更低點時還是有閒置資金可以繼續購入，所以平均來看就能

夠降低買入的成本。雖然會建議先觀察圖表並進行技術分析後再買入股票，不過沒辦法進行這些分析的時候，只需要等待市場出現波動後再分批買入，就不是一定要精準計算時機點。

因為決定股價到達底部的原因非常複雜，包括市場供需和心理因素等，所以要找到股價底部幾乎是一件不可能的事。雖然有句話說：「到膝蓋買入，到肩膀賣出。」可是要確定膝蓋的位置並不容易。

不只是很難找到股價的底部，也很難確定股價是不是到達了特定時期的最高點。利用相對強弱指標（RSI, Relative Strength Index: 14 日為基準）等工具，能夠判斷是不是處在大於 70 的過熱區間，當超過合理股價、接近目標股價時，就可以一步步地分批出售並取得成果，這也是一種很好實現獲利的策略。

很多人擅長買進股票，卻經常無法創造利潤。如果知道資產配置和維持現金比重是更重要的原則，就會懂得在適合的時候實現獲利，同時保持現金比重的穩定，這一點是非常重要的。要在市場恐慌時買入十分困難，但是要克制貪念、選擇賣出也是同樣程度地困難。雖然說可以到肩膀的時候賣出就行了，但往往很難確定肩膀的位置到底在哪裡，而分批賣出這個方式能夠在不確定肩膀位置的情況下做到，所以是一個不錯的方法。

只要把實現獲利或是在低價撿便宜當成一種調整比例的方法就行了。當股價大幅上漲，該檔股票在投資組合中

所佔的比例太高的話，這時候就可以實現部分利潤、減少比重；而當股價大幅下跌，該檔股票所佔的比例降得太低，這時候則可以低價買進、增加比重。

富爸爸的買股筆記

判斷市場恐懼的方法

CNN的恐懼與貪婪指數（Fear & Greed Index），是透過觀察像VIX波動率指數（CBOE VIX）、賣權/買權比值（Put-Call Option Ratio）、避風港需求指數（Safe Haven Demand）等，用比較簡單的方式了解人們感受恐懼的程度。

觀察相對強弱指標（RSI）等，如果股市出現長期下跌到30以下的情況，就可以判斷出目前是不是處於超賣狀態，此時就能夠認為市場上的恐懼情緒正在蔓延。

可以利用現金流量折現法（Discounted Cash Flow, DCF）等計算出合理股價之後並和目前價格比較，或是觀察本益比（P/E）等相對指標的估值有沒有降低，進而在相對安全的情況下進行投資。

VIX波動率指數低於20的話，表示市場狀況良好，但如果超過30則代表市場上的恐懼情緒正持續擴散。安全資產偏好指數則表示，當屬於安全性資產的債券價格比風險性資產的股票上漲速度更快時，股票

市場就可能處於恐慌狀態。

　　而賣權／買權比值是觀察衍生性商品中的選擇權比率，讓投資人可以在一定價格下賣出股票的權利，稱為賣權（Put Option）；而讓投資人在特定價格下購買股票的權利，就稱為買權（Call Option）。投資人在市場狀態不好的熊市（bear market）中會更傾向於買進賣權（Put Option）、賣出買權（Call Option），確保在股價下跌的時候依然能夠用比較高的價格出售股票。相反地，在市場表現良好的牛市（bull market）中，投資人則更傾向於買進買權（Call Option）

　　如果賣權／買權比值超過0.7，可以認為市場正處在波動調整階段；如果超過1，就可能會進入股價下跌超過20%的熊市。這等於是賣權（Put Option）增加、買權（Call Option）減少。不過假如比值低於0.7且接近0.5，則表示市場狀態良好，這時就會出現買權（Call Option）增加、賣權（Put Option）減少的情形。然而，在數學上也有可能只是賣權（Put Option）或買權（Call Option）單方面改變而導致數字變動，因此這不是絕對的標準。

實現獲利並規避損失
收割果實的最佳時機

　　有時候我們可能不小心輕忽了資產配置的處理、投資太多資金在股票中，結果遇到市場波動時就沒辦法應對得當。有時候是覺得股價已經處在低點於是大量買進股票，但股價卻繼續下跌；又或是像薪水等穩定的現金收入中斷，卻把太多的資金投入股市……等等，在投資的過程中偶爾會出現這些情況。

　　因此在股市大幅復甦或景氣回升時，別只顧著高興，也應該要實現獲利（收割果實）、做好事前準備，藉此應付不知道何時會來臨的波動市場。

　　不過在我們賣出股票之後，股價還是有可能會持續攀升，和我們的預期有落差。需要記得的是：股價不僅不會一直下跌，也不會一直上漲。漲了很久的股價可能在一段時間內持續下跌，跌了很久的股價也可能在一段時間內重新上漲。因此，如果能夠妥善運用這種股價的波動，就可以增加許多股票數量。

　　可是當一家公司出現利多消息而持續上漲時，要能夠捨棄貪念、收割果實是一件非常困難的事情，人心就是如此。賣出股票後，看到股價仍然持續上漲，可能沒有比這更讓投資人心痛的事情了。

　　除此之外，當股市景氣一片看好卻經歷突如其來的波

動或暴跌，這個時候就必須做出冷靜和理性的判斷，但是因為想要規避損失（loss aversion）、確認偏誤（confirmation bias）*1和價格偏誤等各種心理上先入為主的偏差，可能讓我們的判斷力變得模糊。就算只是暫時性的波動，但投資人還是可能會為了規避損失而過早出售股票，又或是為了規避損失而在開始出現長期波動時仍然選擇繼續持有股票。

當一間公司或一個產業表現不佳、投資人紛紛撤離的時候，投資人還是有可能因為對這間公司的確認偏誤而選擇繼續持有股票，或是想著自己本身的資金和平均價格，又或是想著之前出現過的價格高點，最後導致沒辦法賣出股票。面臨長期波動或股價暴跌的情況，或是一家公司、一個產業開始進行長時間的調整時，如果能夠做出準確、冷靜且理性的判斷，及早防範損失，反而有機會在股價大幅下跌時重新買進，實現獲利並增加持有股票的數量。

就長期投資者而言，無論是要實現獲利還是防範損失，賣出股票或收割果實的動作都是必要的。對於那些沒有像每個月薪水這樣持續有現金流入的投資人來說，準備閒置資金是更加重要的。提供股票交易服務的 HTS 或 MTS 等公司有各種不同的股票交易功能，其中有很多地方都提供了可以妥善預防損失的功能。如果能夠善加利用這些功能，就可以在實現獲利的同時達到將損失降到最低的目標。

*1 譯註：確認偏誤是指個人在做決策時，會自動收集一切有利的證據來支持自己的假設或想法，並且會自動去忽略不利、矛盾的資訊，以片面支持自己的念頭。

停損和移動停損停利

　　HTS或MTS等交易平台公司，都提供了一些像是停損（stop loss）和移動停損停利（trailing stop loss）等的功能。當股價下跌到一定價位時自動賣出的功能，被稱為停損出場（stop loss cut）；而當股價因為利多持續上漲，達到最高點之後下跌一定百分比或價格時賣出的功能，則被稱為移動停損停利出場（trailing loss cut）。

　　舉例來說，如果在當天的交易時間裡，特斯拉股價從原本的1100美元（拆股前的價格）下跌到低於支撐線（surport line）1090美元、來到1089美元的時候，交易平台的停損機制就會以市場價（market price）或是限價（limit price）賣出。而當原本表現良好的市場氣氛突然轉為悲觀、或是當天釋出的消息可能對股價長期產生重大影響時，在特定的支撐線上設定停損，就能夠避免損失擴大。

　　假設把移動停損停利出場（trailing loss cut）設定為3%，那麼當特斯拉股價因為利多因素而從1050美元持續漲到1070美元，一直攀升到1100美元後又再下跌回到低於3%的價位——1067美元時，就會自動賣出一部分的股票。這種情況就是克制住一直想要實現獲利並出售的衝動，等股價攀升到最高點，並且下跌到預期波動幅度3%的價格之後再賣出，利用這個方

法在相對比較高的價格出售。

　　在美國絕大多數平台都提供了這些功能設定的服務，在國內也有一些特定的證券公司提供。即使沒辦法使用這些機制也沒關係，只要先了解概念、並在交易時考量到規避損失和實現獲利，也會對投資有很大的幫助。

　　需要留意的是，發生要停損的情況時，應該要將哪個價位當作支撐線來進行損失規避；還有發生要移動停損停利的情況時，應該要設定多少百分比、或是要定哪個價位獲利了結。要想充分掌握這部分，可以利用平均真實區間（Average True Range, ATR）、或是移動平均線等輔助指標，藉此了解股票最近一段期間的波動性。

　　對於長期投資者來說，儘管不需要透過圖表進行技術分析，不過學習這些知識對於掌握買進、賣出的時間點還是會有一定的幫助，所以稍微了解一下也是個不錯的選擇。長期投資者參考圖表時會以週線或月線為單位，觀察20日、50日、100日、200日等移動平均線。當短期移動平均線跌破並穿過長期移動平均線、出現死亡交叉點時，就進行避免損失的防禦操作；相反地，當短期移動平均線漲破並穿過長期移動平均線、出現黃金交叉點時，就買入股票。

　　有時候，也會透過觀察移動平均線的走勢來解讀市場心理。如果股價在特定價位遇到壓力時，等價格

到達那個位置時，就會出現大量獲利了結的狀況，導致價格下跌。不過假如動能表現良好、買盤力道過於強勁，也可能會衝破那條壓力線（resistance line），可是一旦突破那條壓力線股價便下跌的話，原本的壓力線就會被當作支撐線（surport line）。等價格再次回落到那個價位時，投資人就會把那視為底部並開始買入。

2021年底特斯拉從Hertz租車公司取得了大量訂單、2022年分別設立了柏林和德州工廠，業績表現出色，同時股價也超過900美元，甚至漲破了1200美元。在這之前一般投資人都認為，特斯拉的股價要衝破900美元、1000美元要到很久以後的未來才有可能出現，所以一旦股價接近890～900美元附近，投資人就會獲利了結並拋售股票，也因此890～900美元的價格被視為一種壓力線。

不過最近在一些利多消息的推動下動能強勁，特斯拉的股價一下子突破了890～900美元，這使得890～900美元成為了支撐股價的支撐線。所以即使股價大幅上漲，之後只要價格接近890美元的時候，投資人就會認為這是價格底部並開始買入股票。這些支撐線和壓力線分別出現在680～690美元、790～800美元、890～900美元、990～1000美元，甚至是1090～1100美元附近。

觀察圖表時某個程度來說可以看出這些分界，如果股價一直上漲到高點後出現下降的徵兆時，就可以

比支撐線稍微低一點的價格設置停損來保護資金，而準備好資金後，等股價進一步下跌時就可以用更低的價格買入股票，增加持股數量。假設股價上漲到1100美元、並將1090美元視為支撐線的話，就可以在1089美元設定停損，那麼當股價跌破1090美元的支撐線時，投資人會因為對特斯拉股票沒有信心而開始出售股票，這時就可以適度保護資金避免損失。之後如果市場不樂觀，股價下跌到990美元、890美元、790美元，甚至是690美元，就可以再次分批買進特斯拉股票，用更低的價格買回最初持有的相同股數，利用價差獲得剩餘的資金。

如果想要實現獲利、收割果實，可能會擔心稅金的問題。不過在公司狀況、市場出現重大調整或崩盤情形，導致股價大幅下跌的時候，獲利了結並支付稅金往往可以獲得更大的利益。

隨著賣出時間的不同，稅金也可能會有所不同。在美國，對於持有超過一年的股票已經適用長期持有稅率的規定，因此不會出現稅金上的差異。就算是持有不到一年的短期股票，如果預測特斯拉的股價會從 1200 美元下跌到 700 美元，那麼在到達 1200 美元的目標股價時實現獲利、支付稅款，然後等股價下跌到 700 美元時再次買入特斯拉，這樣會更有利。

至於在韓國的話，目前 2022 年操作美國股票交易的稅率是 22%，不過最高可以享有 250 萬韓元（約台幣 6 萬元）的稅款減免，適度靈活運用這些制度對投資會有一定的幫助。當然不該企圖逃漏稅，要知道繳交稅金是一件理所當然的事。只是在可行的狀況下儘量減少稅金，對投資人而言是更有利的，因此在適當的時機實現獲利並支付稅金就是一個明智的選擇。在美國退休之後是沒有收入的，所以在退休後一點一點實現獲利，同時減少稅金也是一種方法。

富爸爸的買股筆記

沖洗買賣

在美國還有一個叫做「沖洗買賣」（wash sale）的規定。如果有一支出現虧損的股票從底部大幅上漲，但是公司前景不被看好，於是決定處理虧損、認賠賣出的話，那麼年底就可以得到相對的稅收優惠。假設當年度賺了1000 美元、損失200美元，那麼就只需要繳納800美元的稅。

但是如果在一個月內重新買回已經處理過的虧損商品，那麼虧損金額也會跟著重新被加在買進的商品中，而且也會因為平均單價提高而無法得到稅收優惠。這種情況就稱為沖洗買賣。一般比較常在年底完成虧損的處理，所以假如是在11月份左右處理的話，可以等一個月之後，也就是隔年的1月份再次買進。

CHAPTER

4

站在大師的
角度思考吧！

"

　如果不是像不動產或美國 401K 退休金計畫這一類強制規定必須長期投資的標的，想要長期投資股票確實非常困難，而且也需要具備強大的心理素質。因為股票市場波動幅度很大，每年可能會出現一兩次調整或暴跌，這時候投資人往往會想要賣掉股票。

　當股票下跌時，通常我們沒辦法確定它的底部在哪裡，看起來好像會持續下跌，這種感覺會帶來失去控制的恐懼。當然股票市場也會出現快速上漲的泡沫化時期，而這種時候人們心裡一般會感到興奮、控制不住自己的貪心，不斷投入資金追著市場跑。

　在面臨波動或暴跌的時期，投資人的心態往往更容易崩潰。即使經歷過很多次股票市場下跌的情況，也不容易適應。令人害怕的事就算天天看見，也還是會感到驚嚇。爸爸我也花了很長時間才建立起足夠穩定的心態抵擋波動不斷的市場。除此之外，美國股市對於短期交易實施的一些措施，也迫使投資人強制培養出一定程度的心理素質，像是很高的轉讓稅、或提前提領退休金時必須支付 10% 罰款金額等。

　當波動來臨或市場崩盤、股價大幅下跌，以及波動調整的時間太長時，你要牢牢記住現在爸爸所説的話。尤其是國內股市並沒有要求投資人繼續持有股票的特殊機制，要是面臨股價暴跌卻連預備資金都沒有，這時候爸爸的這些話一定可以對你帶來更多幫助。

"

時間過去之後，
終究都會回升

　　當我們感到害怕時，基本上會建議試著站在投資大師的角度思考。我們可以承認自己：「我還是個投資新手才會這樣。」然後稍微抽離自己、轉換思考方式，想著：「如果是站在投資大師或教授的角度來看，事情就會不一樣。」例如，想像一下價值投資者華倫・巴菲特或彼得・林區這樣的投資大師，在這個時期會如何思考和行動。

　　他們會考慮安全邊際，如果覺得股價比合理價值便宜很多，他們會逐漸增加股票持有的數量。就算平時看好的公司股價下跌，他們也不會認為這家公司會倒閉，反而會把這看成機會並持續買進。即使股價在短期之內都沒有上漲，不過他們預期經過更長的一段時間之後，終究還是會回升。因為他們已經知道，要成為有錢人需要花一段很長的時間。

　　投資大師、或成為有錢人的投資者，通常心態跟一般人不一樣。他們似乎更能夠以相對長遠的目光、抱持穩定的心理狀態度過市場波動或暴跌的期間。別忘記彼得・林區的一句話：「在找到十壘安打股（Tenbagger）之前需要一段很長的時間。」還有華倫・巴菲特說的：「錢會從沒有耐心的人手中轉移到有耐心的人的手中。」就像時間可以分為時間（Chronos）和時機（Kairos）這兩種一樣，投

資大師看見的時間長度，比急躁的我們所看到的期間更長遠、也更深刻。

對於投資大師來說，他們會覺得一年、兩年的時間很短暫。他們會用長一點的節奏，至少五年以上的時間來看待股市。正如我們從「朝三暮四」這則成語故事中所了解到的一樣，假如把時間拉長來看，即使在一兩年中遇到投資失利，只要後來在持續上漲的股市當中獲得大量利潤，最後把好幾年的盈虧平均下來的話，一兩年的損失並不算什麼。可是我們卻會太過擔心這一兩年的損失，甚至決定放棄、不再投資股票。就算在一兩年內經歷了 20％到 30％的損失，但如果能夠在五年內獲利超過 10％，就等於是取得了龐大的成功，而且還可以期待透過複利效應在七年內獲得超過兩倍的報酬，能夠實現這個目標就是一件非常好的事。

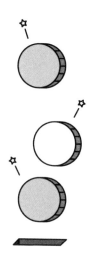

要看見隱藏在股價
背後的內在價值

　　不需要太過擔心股價下跌。我們現在看到的股價可能只是短期交易者製造出來的假象。的確,有時候面臨市場調整時,波動性很大的中小型股票會下跌 50 ～ 60%,更嚴重的情況甚至可能下跌到 80%,不過經濟環境的條件一旦好轉,這些中小型股票一般也都會恢復到原來的價格。我們的心態上不用把相對性浮動的股價當成是絕對性股價,而出現不必要的擔心。

　　絕對性股價可以看成是反映公司基本面的合理股價或是目標股價。當然,要是公司管理階層出現不道德的行為,或是那間公司、那個產業的狀態持續下滑,那就是另外一回事了。但是從長遠來看,股價最終還是會按照公司的內在價值和基本面上漲,所以建議不要太頻繁地察看股價。

　　有些人會因為太過於執著於自己一開始購買股票的價格或平均價格,不斷責怪自己造成了多少損失。這種把特定價格看成自己心理的支撐線,並將這條線當作標準來判斷的行為,就稱為「錨定偏見(Anchoring Bias)」或「錨定效應」。

　　如果陷入錨定偏見的陷阱,當面臨調整期、股價掉到比平均價格更低的時候就會感到痛苦,後來等股價再次恢復到接近平均價格時,又會說自己再也不投資股票了,並

把股票完全賣出。再不然，就是把那檔股票漲到最高時的價格或跌到最低時的價格作為標準，當股價已經達到或超過合理股價時無法獲利了結，又或是當安全邊際夠大的時候無法買進。這種偏見會對投資造成很大的妨礙。

因此，你可以自己進行計算，但更明智的做法是找到「值得信賴」的分析師（可以在美股分析網站 TipRanks 上查看分析師的排名和評分），根據他們提供的目標股價或合理股價進行投資。用現金流量折現法（Discounted Cash Flow, DCF）的方式計算合理股價是最常見的估值方法，現在有很多像 GuruFocus（最佳綜合型篩選器）這樣的網站可以進行計算，到網路上搜尋即可。只要在 Google 上輸入關鍵字，搜尋股票代碼（Ticker Symbol）和 DCF 就可以找到。

此外，只要在 Google 上輸入關鍵字搜尋股票代碼和加權平均資本成本（Weighted Average Cost of Capital, WACC）就可以顯示出折現率。將折現率運用在未來現金流計算出合理價格時，由於其中包含主觀價值的溢價（premium），所以不能稱得上是 100％ 客觀。然而，加權平均資本成本是把公司業績當作基礎、著重於現金流的計算方法，因此運用範圍相當廣泛。如果股價大幅低於合理股價，可以分批一點一點買入；如果股價大幅上升、超過合理股價並達到了目標股價，就可以獲利了結。利用這個方法，儘管需要花費比較長的時間，但我相信仍然能夠藉此獲得相當可觀的報酬。

股價在短時間之內可能會有大幅震盪和波動，可是就長期來說，股價會趨近於公司的內在價值，也就是所謂的基本面。假如一家基本面很好的公司業績和利潤增長率為20％，那麼股價在比較長的時間中上漲 20％是很正常的。只要知道這家公司的管理階層和員工都在努力工作，並且為公司發展做出努力，我們就不需要太過擔心短期的股價波動。

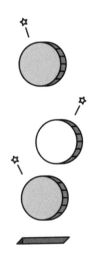

不要受到媒體的影響

在我們的生活中，每天都有無數訊息透過網路等各式各樣的媒體像洪流一樣朝我們湧來，比起從這些訊息中得到幫助，我們有更多時候是被這些訊息影響、產生動搖。正因如此，我們需要培養能力，讓自己可以在嘈雜紛亂的股票市場上清楚判斷哪些消息值得相信。儘管電視、報紙、YouTube 等社群媒體扮演了傳遞訊息的角色，但其實他們背後的根本目的也都是為了獲利，我們不能忘記這一點。

不論股價上漲還是下跌，資本主義市場的媒體都會在維護廣告客戶利益的同時，尋找機會創造獲利。媒體的最終目標還是想要賺錢，所以經常會有扭曲真相的假新聞出現，或是只傳達一部分的事實等等。他們會在標題和縮圖上放入充滿煽動性的字詞，像是「暴跌」、「波動」等，藉此吸引觀眾或訂閱者。

尤其是我們不認識、也不知道名字的幽靈 YouTuber 所提供的訊息，往往都已經侵犯到著作權，他們直接複製國外媒體的內容、在未經許可的狀況下翻譯並播出。他們非法複製國外 YouTube 或其他 YouTube 的內容，而且經常不負責任地說出煽動性的內容。他們會用「暴跌」、「波動」之類的字詞引起人們心裡的恐懼，而且會說是引用摩根士丹利（Morgan Stanley）等知名機構的意見，藉此逃避跟內容相關的責任，灌輸投資人消極的負面情緒。除此之外，他們也會批判一國的總統、部長、聯準會主席等人，把他

們當成股價下跌的犧牲品加以嘲弄，用這種方式吸引觀眾。

查理·蒙格曾說：「在沒有永久性損失的情況下，不要聽信那些叫你賣出股票的人。」當各大機構利用媒體傳遞壞消息來為他們的利益服務時，市場參與者往往會受到干擾。

以班傑明·葛拉漢著作中虛構的市場先生為例，他有時候會因為躁鬱症嚴重而偶爾出現情緒化、暫時性的劇烈波動，卻被投資人誤以為這是永久的。然而，效率市場經過一段很長的時間後，終究還是會揭開媒體所捏造的謊言，反映出接近真實的價格。

判斷媒體所提供的消息可信度，這項能力是成為股市高手的必要條件，絕對不能輕忽這一點。從專業角度來看，我們需要擺脫訊息盲點、也要努力提高自己判讀訊息的能力。要好好判斷編寫這些媒體訊息的作者、記者或 YouTuber 是否值得信賴，這是不是最新的消息，消息內容正不正確，是不是只單獨呈現出這間公司的某一方面，以及在傳達的過程中有沒有出錯的地方等。

媒體有時候會對股票產生確認偏誤（confirmation bias）。應該要先綜合考量公司的優勢、劣勢、機會和威脅等因素進行 SWOT（Strength, Weakness, Opportunity, Threat）分析再進行投資，但是有些媒體只特別強調某支股票的優勢，導致投資人把所有資金投注在那檔股票上。在這種情況下，萬一公司面臨威脅、營運情況不斷惡化、股價持續下跌，最後造成永久性損失，投資人也會因為來

不及停損而賠上大筆資金。因此重點是，我們要從各種訊息中找出值得信賴、對公司未來有長期幫助的消息進行研究，並由自己做出投資決策。

不要覺得後悔！
機會一定會再次來臨

在投資過程中覺得後悔是一件很危險的事，因為很可能會做出不理智的決定。如果一直回顧過去，就會形成認知上的偏誤，讓自己難以做出適當且冷靜的決策。觀察很久以前的數據雖然可以解釋現在的情況，但是對於預測未來絲毫沒有幫助。當下應該要根據跟現在同一時期的市場本身和狀況來來重新定義。假如總是感到後悔，過去的記憶會侵蝕自己的判斷。

在手上沒有閒置資金的情況下，看到股價下跌時可能會感到非常遺憾。明明是一個能夠用比較便宜的價格買進股票的機會，可是因為沒有事先準備好資金結果錯過了這個機會。也許我們會因此覺得遺憾，不過之後一定會再次出現價格漲到超過合理股價、可以收割獲利的機會，也一定會再次出現市場波動、可以用比之前更低的價格買進的機會。

所以，不需要為了眼前的股價變化而覺得害怕或煩惱。就算因為手上沒有現金、無法用低價買入，也不必感到著急或覺得可惜，沒必要勉強自己跟著市場跑。尤其是在泡沫化時期，飆漲的股票最終還是會回歸到合理股價。選擇好的股票、並且長時間持有它，就不需要過度關注目前的股價走勢。

如果在高點、達到了目標股價，或相對強弱指標（RSI）非常高、處於過熱狀態時就要收割獲利，即使覺得股價好像還會繼續上漲，也不需要太過著急或感到不安。已經處在過熱狀態，再加上達到了目標股價，所以放下貪念、在特定價格賣出了股票，結果股價卻繼續上漲的話，這時候要是股票重新回跌到這個價格，即使這支股票呈現下跌趨勢，還是有可能提早把已經賣掉的股票買回來。其實稍微再多等一下，安全邊際就會更大而出現更低的價格，不過在這種情況下判斷力可能會變得模糊。

　　妥善配置資產並保持現金儲備是更重要的，但有些人只要手上持有現金就會感到不安。銀行的帳戶裡一旦有錢，就會容易受到像是百貨公司、網路購物等的誘惑，因為那些打折的衣服和產品會一直吸引我們的目光。要是選擇收割獲利之後股價繼續上漲，我們也別覺得後悔，而是需要耐心地等待，等股市出現波動調整、可以便宜買進的時候再拿著現金進場。

　　如果很難保持握有現金的狀態，我們可以將資金投資在價值股或防禦性股票（保守型）等幾乎沒有股價波動的股票中，市場出現波動時也可以選擇賣出、轉而買進價格下跌的股票。最關鍵的就是要建立一個機制，強制把現金進行分流、而不要拿來花掉。

當股價下跌時，
養成分批買入的習慣

當調整期拉長、或是恐懼的情緒攀升到最高點時，人們會因為擔心股價持續下跌而不願意額外買進更多的股票。股價下跌會導致投資人對那間公司的投資比重減少，如果在這之前已經獲利了結、減少了投資比重，就算當下是一個再次買入的好機會，還是會因為心中充滿了不安而很難下手投資。尤其是當投資人覺得手上持有的公司好像距離自己關注的範圍越來越遠，就會認為這個狀況好像應該要繼續等待，卻不知道什麼時候才能恢復動能。

但是如果公司的營運穩健、而且在長時間當中可以實現增長，那麼由於每個季度公布的業績報告都會成為利多的正面因素，最終股價一定會回升。特別是因為外部市場因素而下跌的話，這個情況下股價再次回彈的機率就會更高。當下不太有人關注、股價下跌的時候，反而經常成為可以抓住的機會。這時候，我們應該要相信那間公司現在正在為了發布一些利多消息而做準備。

公司沒有利多消息、顯得很安靜的話，看起來會讓人覺得公司好像什麼都沒有做一樣，個人投資者也可能會因次失去耐心而賣出股票。不過事實上，公司和管理階層正為了取得成績而努力準備著，一旦有利多消息出現，股價就會大幅度回升。除了良好的業績表現外，每年公司還會

出現一到兩次的利多消息，像是推出新產品、新合約或併購消息等等，萬一錯過了這些利多因素，就會錯過可以收割獲利的大好機會。所以，當市場表現不佳、股價大幅下跌時，反而可以看成機會，我們應該要懂得鼓起勇氣，養成分批買入的投資習慣。

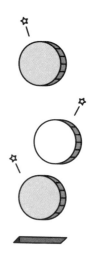

不要摘除鮮花，
卻替雜草澆水

彼得‧林區說過：「不要摘除鮮花，卻替雜草澆水。」儘管「好股票」和「壞股票」這種說法是錯的，但的確存在好公司和壞公司之分。華倫‧巴菲特也說：「只有退潮的時候，你才知道誰在裸泳。」一間好公司可能在波動調整期間股價下跌，但還是會持續創造良好的業績表現、釋出利多消息，讓股價再次攀升。

面對市場波動、股價暴跌時，投資人往往會出於害怕而選擇賣掉手中的股票，然後為了彌補損失，可能會轉而投資更具波動性和風險的股票、加密貨幣或三倍槓桿產品。甚至會跳入衍生性商品或期貨市場，最後損失掉一大筆資金。假如一開始充分地做好功課，認為這是一家好公司並進行投資，即使出現波動期也能毫不動搖地堅持下去，這才是致富的長遠之路。

只要按兵不動就可以維持在中間，但如果賣掉股票或轉移到更危險的方向，賠錢的風險就會增加。當然，要是有股票在游泳池的水消退的時候顯露出雜草的本質，這時就可以轉換到基本面更穩固、具有良好動能的股票上。只是我們需要仔細思考並謹慎地做出決策，以確保我們在市場波動或股價崩盤時轉換到其他股票，並不是摘除鮮花的行為就好。

如果出於想彌補損失的心態，盲目地借錢投資波動非常大的風險性資產，可能會讓自己陷入無法挽回的困境。希望你可以徹底遵守資產配置原則並進行分散投資，同時儘可能避免摘除自己所選的鮮花。

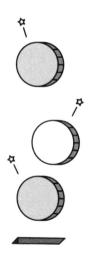

仔細聆聽好老師的話

儘管有很多人憑自己的能力也能夠投資成功，不過如果能和志同道合的人一起投資理財是再好不過的了。投資大師總是會和團隊一起研究、討論，並共同做出投資決策。例如，華倫・巴菲特和查理・蒙格長時間以來一直維持著緊密的朋友關係。知名投資人所屬的投資基金也會集結多位分析師和數學家一起進行投資決策。

對於剛踏入投資領域的人來說，最初幾年難免會犯很多錯。即使運氣很好、在波動期的低點進場取得了龐大報酬，隨著投資時間逐漸拉長，每次面臨震盪期間的時候都有可能會出於害怕而犯了把股票賣掉的錯誤。

遇到一位好老師、並接受完善訓練的投資人，就可以減少犯錯的機會。我們閱讀一本好書，就像是遇見一位想法上的好老師，能夠在犯錯之前先聽到那些長期從事投資的人的失敗經驗，並得到適當的建議。仔細聆聽老師或其他資深投資人的話非常重要，尤其是要具備一個強烈的意志力，不去做那些被告誡不要做的事情。

我看過很多人相信自己可以做得很好，從一開始就依照自己的固執進行投資，結果卻遭遇了嚴重失敗的情況。無論是像律師、醫生這些相當聰明的人，或是像數學家、經濟學家之類的人身上都經常發生這種情況。一個人再怎麼聰明，都還是需要閱讀大量書籍、傾聽別人的失敗經驗，

並且努力讓自己避免犯下同樣的錯誤，這一點是非常重要的事情。

不管是古董、藝術品、不動產，還是一家公司，單單是培養自己的洞察力這一點，就需要花費很長的時間。學習適合的策略和交易技巧等等當然也都需要時間，然而有些人卻因為太過自滿而遭受重大損失。在進行短期投資時，可以透過模擬交易來練習，不過長期投資需要經過很長一段時間才能得出結論，因此最核心的關鍵就是在剛開始便遇到一位優秀的投資大師、或是一位有經驗的老師。

尤其是管理好自己的心態特別重要，所以當市場狀況變得十分險惡的時候，會需要有人在我們身旁為我們加油鼓勵、給我們勇氣。和另一半或朋友一起討論投資情況，用這樣的方式抒解精神上的痛苦和壓力是一個很好的方式。如果不能妥善管理壓力，就會對健康造成損害，也會阻礙長期投資的進行。

CHAPTER

5

想變得有錢
就必須銘記
在心的事

長期投資股票就像人生一樣

　　長期投資股票就像人生一樣。就像我們在生活中曾經歷過美好的事和艱難的事；同樣地，投資股票也不會一直一帆風順，隨時有可能面臨波動震盪、市場崩盤等困境和挑戰。等你長大之後，你未來將會經歷就讀大學、開始談戀愛、進入職場、開創事業、結婚、生養孩子、經歷更年期、退休等人生大事或辛苦的時刻。人們在人生不同的階段都會開始一段挑戰、戰勝每個危急的時刻，同時也會成長茁壯、變得更加堅強。

　　根據史丹佛大學（Stanford University）心理學教授卡蘿‧杜維克（Carol S. Dweck）的說法，心態可以改變一個人的人生。擁有成長型心態（growth mindset）的人和擁有固定型心態（fixed mindset）的人不一樣，他們即使身處痛苦的環境中也不會感到挫折，而是會用毅力克服那些危機，實現成長並獲得快樂。愛迪生和莫札特都是世人公認的天才，但是在他們成功的背後也有著不斷努力的經歷，遇到失敗並從中學習、踏著失敗的經驗再次不屈不撓地站起來。

　　爸爸在研究所畢業之後去留學，直到找到第一份工作為止，在這六年的時間中我經歷了貧窮、語言問題和種族歧視等困難，也遇到了很多挫折。可是我到最後都沒有放棄，堅持到底並重新站起來，不斷成長而走到了現在。儘管困難重重，但最終這些過程都幫助了現在的我，我也不

斷地努力讓自己成長。

就像股票具有複利效應一樣，人生中也存在著複利效應。從小積累的知識、能力和技術，隨著時間的推移，可以讓我們更輕鬆地適應其他的學問和生活領域。

我努力學習之後，對某家公司充滿信心並開始投資，不過市場先生的情緒卻總是受到媒體負面新聞和利空消息的影響，導致股價不斷波動。效率市場（efficient market）理論指出，這些消息終究都會反映在股價上，而股價則會反映公司的基本面，回到原來的價位。

然而當市場出現波動或暴跌時，內心就會頻繁出現因為恐懼和挫折而覺得動搖的情況。有時候某些股票或產業經歷震盪調整，可能需要等待好幾年的時間。即使如此，如果投資人能夠像投資新創公司一樣用更長遠的眼光來進行投資，相信自己所選擇的公司，並且長時間地耐心等待，就可以迎接到豐收的那一天。

1997 年韓國面臨 IMF 危機、整個國家陷入破產狀態之後，在 1998 年韓國綜合股價指數（KOSPI）甚至跌到只剩 300 點，爸爸就是從這個時候開始投資股票的。三星電子在 2019 年進行一比五十的股票分割之前，股價還只有 3 萬韓元左右（約新台幣 729 元）。在大學四年級的時候，我把當家教賺來的錢存起來開始購買股票，隨著股票市場慢慢回暖，我一開始買進的三星電子、新韓證券等股票中讓我收獲了非常可觀的報酬。

在這種危急時刻開始進行的股票投資為我帶來了龐大的喜悅。不過，那時候我也經歷了當時第二大的綜合金融公司——大韓投資信託破產，還有超過一半以上的商業銀行減資、股票大幅瘋狂暴跌的情況。儘管如此，我依然沒有放棄、一直到 2001 年繼續投資了三年，獲得了不錯的報酬。

我在 2000 年的下半年準備考試，當我沒那麼注意股票市場、專注地寫碩士論文的時候，2001 年突然爆發網路泡沫（dot-com bubble）危機導致股市崩盤。當時我賺到的所有報酬幾乎一瞬間就消失殆盡，投資資金也大幅縮水超過一半以上。

2002 年我到美國留學，這期間我忙著一邊學習、一邊和貧窮奮戰，所以暫時停止投資了一段時間。後來我在 2008 年找到了第一份工作，當時發生了雷曼兄弟事件，我認為這就是一個機會，於是在美國重新開始股票投資，投資了摩根大通股票（JPM）、國際股權指數基金（International Equity Index Fund）、成長型股票 ETF 基金和債券 ETF。2011 年底，我還投資了不動產。

雖然我投資股票的時候在 2015 年和 2018 年遇到虧損，可是到目前為止，我獲得了平均 10% 以上的報酬、積累了很多財富，現在也持續地進行投資。在股票投資的過程中，有時候會碰到公司破產，有時候也會因為市場狀況不好，導致那一年的報酬出現負數。可是我還是沒有放棄、一直忍耐並堅持下去，所以到現在才能持續創造收益，投

資的資金也不斷增加，同時因為複利效應累積了一大筆財富。

即使是看似一帆風順的人生，但每十年左右就可能會遇見一次危機；同樣地，在股票市場上偶爾也會面臨一兩次重大的危機。所以最重要的是要像買保險一樣，妥善準備好一些備用資金，才能好好應對這些危機。

然而，重大危機通常是突如其來的。回頭看那當下的狀況時，只會覺得前方一片黑暗、什麼都看不清楚，每天充滿了困難和挫折，可是我還是沒有感到絕望或放棄，就這樣默默地一步步向前走，最終撥雲見日、看見了光明，也度過了那段艱辛的時期。儘管覺得自己的生活看起來像一個點，但是經過一段時間之後，我們就會發現自己像是一條線，沿著一條固定的軌道前進。就像這樣，雖然股票市場在當下總會波動震盪、讓人無法預測，但是經過一段時間之後，終究會慢慢發生複利效應，呈現出向上攀升的趨勢。

過去無法告訴你未來

　　正如前面所說，有很多的管理學家、經濟學家或數學家投入股市，卻屢屢失敗。就像是效率市場理論提到的一樣，股價最終會反映市場和公司的所有訊息並達到一個平衡。不過，如果只研究一間公司的股價來分析圍繞著整個股票市場的全球經濟和國家經濟，就只是對一小部分做出解釋而已。

　　市場先生在運作上有非常強烈的心理活動，往往受到情緒影響而受到貪婪和恐懼的支配。一家公司的股價可能會受到市場影響，但也可能在某個瞬間只被公司的業績影響，而出現不太冷也不太熱的「金髮女孩（Goldilocks）」狀態。只從冷靜的角度關注經濟情況的債券市場可能非常消極悲觀，但是股票市場有更多人是抱持著積極態度。積極的人會繼續持有股票，在長時間當中向上攀升的市場中一直堅持下去並獲得報酬。

　　股價的形成，必須在買入股票的需求方和賣出股票的供給方之間出現適當的平衡，因此無法忽視買方和賣方的心理因素。股價是由很多原因決定的，包括宏觀（macro）的環境因素，還有環繞在公司周圍的微觀面向，像是公司的管理階層和董事會、財務報表和現金流、競爭對手的出現、國內 / 國際的形勢、賣空勢力，甚至是投資人單純喜不喜歡這家公司等等。

據說市場先生的智商是 1000。所以即使像這樣考量了許多因素，能夠瞭解的部分頂多也只有一間公司的短期股價而已。經濟學家們試圖運用數學和統計來進行預測，不過統計當中存在著誤差範圍，就算我們相信一個假設雖然不是 100%，但有 90% 的機率會成為事實，可是這也必須是在大量且充分的數據下才能進行預測，想要應用在所有變數上、獲得很高機率的未來預測結果是不可能的。

　　另外，有些人會試圖仰賴過去的數據來預測未來，然而應該要根據當下的狀況利用當下的數據進行分析和解釋，才能獲得更準確的結果。在預測未來時的確更需要仰賴當下的數據。舉例來說，2022 年由於 COVID-19 疫情危機、烏克蘭戰爭引發的全球供應鏈問題，還有量化寬鬆政策引發的通貨膨脹問題等造成的市場波動，以及一間公司內部、外部基本盤等相關的情況形成了特定的股票價格。儘管我們可以試圖以過去發生過的類似情況，像是石油危機、網路泡沫、雷曼兄弟破產事件、聯準會升息期間等來強行解釋和預測，可是想要單純依靠過去的數據來進行分析和預測，是一件十分困難且做不到的事。這是因為當下的情況和市場本身已經又增加了更多新的因素。

　　最近經常出現的「新常態（New Normal）」一詞，是在 2008 年雷曼兄弟事件後出現的新概念。意思是指和之前曾經發生的情況不同時，可以把出現新變化的狀況視為正常，並重新開始。就像這樣，在各個時代、各個時期面臨危機時，抱持「新常態」的想法重新定義情況並解決問題、不斷向前邁進，這就是一個社會發展和進步所必備的

觀念。

　　在股票市場中，投資人往往會不斷努力嘗試想把過去的數據套用在目前的情況中，但是就連許多專家和分析師都因為執著於過去而犯了錯。**華倫‧巴菲特說，應該要用符合當下的方式準確地判斷當下新的情況並做出應對，而不是進行預測。**這番話是更貼近現實且正確的。

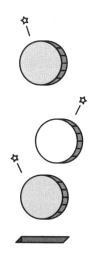

面臨危機時，
靈活地調整投資組合

當股票市場處於超賣狀態（相對強弱指標 RSI 低於 30）、或超買狀態（相對強弱指標 RSI 指標高於 70）的時候，就是重新平衡的大好時機。當然，我們可以把好的標的彼此交換或調整比重。在優質的標的中有些股票的平均真實區間（ATR）非常類似，像 Google、亞馬遜、微軟、蘋果等平均真實區間的變化幾乎是一樣的。

這些股票中，有些股票會在波動期間下跌更多，而且沒有特別的原因。這是因為持有這些股票的投資人會出於恐懼而選擇脫手。其實這種情況下，如果將比重從跌幅比較小的股票轉移到跌幅比較大的股票，等到之後股價全面恢復時，跌幅比較大的股票就會有更大的上漲空間，也能夠因此獲得更多報酬。在股價完全恢復之後就可以收割獲利，並且把投資的比例調整回原來各檔股票的比重。

每檔股票恢復的速度都不同，假設最近有一些股票釋出利多消息、或是有一些股票的業績表現良好，卻因為市場的影響而讓所有股票都受到波及的話，提高那支股票的比重可以讓投資組合具備快速恢復的優勢。一旦恢復到一定程度之後，就可以把投資比重重新拉回尚未恢復的股票上。爸爸把這個作法稱為「不規則逢低買入（Buying the Dip）」。這種逢低買入的策略是指，既然我們已經要在

股票下跌時買入股票，那不如就再多買一些近期動能比較好的股票，並且期望它們可以快速恢復。

　　如果可以根據市場的狀況和動能，在波動時期靈活地調整投資組合，就能有效幫助資金快速恢復並增長。然而，假如我們是拉長時間來看的價值投資者，就不一定需要這麼做。只要我們可以在長時間當中保持冷靜、不斷堅持，就可以選擇利用閒置資金買入便宜的股票，進行逢低買進的操作，這或許會是更適合的策略。

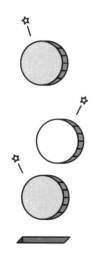

耐心比熱情更重要

在投資的過程中，我腦海中經常浮現出約翰‧班揚（John Bunyan）所寫的《天路歷程（The Pilgrim's Progress）》書中的一個場景，就是主角「基督徒」坐在火爐旁邊談論耐心和熱情的樣子。他說度過信仰生活的時候，耐心比熱情更重要，我覺得長期投資也是這樣。如果太過熱情地付出努力、想要追求短時間的勝利，最後往往會面臨失敗。急躁，可以稱得上是投資股票時的最大敵人之一。

一旦投資了某家公司，最重要的就是要耐心等待那間公司的表現。就像投資新創公司一樣，需要長時間的信任和耐心等待，這樣才有獲得長期成功的可能性。保持良好的心態和耐心，幾乎是相同的概念。有很多可以幫助我們保持耐心的機制，建議在投資時可以多加利用。例如資產配置、分散投資、共同參與等等，這些都能夠幫助我們在長時間當中保持耐心。

就像海明威（Hemingway）寫的《老人與海（The Old Man and the Sea）》這本書中，老漁夫捕到了一條體型相當龐大的魚，可是魚的力量太過強大，拖著老漁夫海上漂流；最後老漁夫憑藉堅持不懈的耐心，終於把大魚捕了回家。老漁夫不知道自己抓到了什麼，也不知道什麼時候會結束，在這段不確定的時間中，只能倚靠一條繃緊的釣線繼續堅持下去，書裡的這個情景讓我印象非常深刻。

股票投資不像是一個盡頭被堵住、沒有其他任何出口的洞穴，反而更像是一條人工挖掘出來的隧道。在退休之前的這段投資期間，偶爾會經過一些不確定又黑暗的漫長隧道，不過在這條路的盡頭又會有另一個出口。只要懷抱信心、相信那裡有光並耐心等待，我們的投資就會為我們帶來豐厚的報酬。

或許你曾經聽過「笑到最後的人才是最後的贏家」這句話。在劉邦和項羽這場著名的決戰中，雖然劉邦比起強大的項羽要微弱很多，但他隱忍、耐心等待，最後成為了開創漢代的皇帝。在投資的世界裡也像這樣，笑著忍耐並等待的人，最終就能擁有財富。在波動震盪或市場崩盤的時期，我們也許可以幸運地用一大筆資金賺到更大的一筆錢，但是這種全壘打的機會一輩子頂多只會發生一兩次，而且也有很多人後來再次面臨波動和崩盤時把所有資金賠個精光。

想要打出全壘打的人，揮棒落空的機會也越多，往往不到幾年的時間資金就會見底。而且，記憶中曾經出現過全壘打的經驗也會一直拖住我們的後腿。對於長期投資者來說，持續不間斷的安打比一次全壘打更有幫助。保持耐心、一步步獲利，最終我們就可以笑到最後。

要好好撐過等待的時間

　　有一群人在某個天氣晴朗的日子裡，租了一艘漁船去釣魚，所有人上船的時候都滿懷希望、期待可以捕到一條大魚。乘船出海超過一小時之後，大家一起放下釣魚線開始釣魚，慢慢地每個人都有了一些收穫。這時突然有一個人捕到了一條超過一公尺長的大魚，因為這群人彼此都是很要好的朋友，所以大家紛紛恭喜他並為他感到高興。

　　但是在過了好幾個小時之後，我還是沒有捕到任何的魚。我這個沒耐心的人很羨慕那位捕獲大魚的朋友，於是提出請求和他換了一下位置，然後重新放下釣魚線繼續等待。然而我坐的地方還是沒有任何消息。就這樣又過了幾個小時後，跟我換了位置的朋友在那個位置上又再次釣到了一條大魚。

　　這個釣魚的故事和我們投資股票的情形非常相似。當我們看到身旁的人投資的公司獲得成功時，通常就會對自己所投資的公司信心動搖。雖然我們已經做了充分的研究，選擇了我們認為前景看好的公司，但要是遇到股價遲遲沒有上漲、還需要長時間等待的話，心態就會受到影響。然而，如果我們做好充分的研究、具備充足的信心，就可以撐過錯失恐懼症（FOMO）出現的狀態，好好地忍耐度過這段等待的時間。

　　最讓人心痛的，就是當我們信心動搖並放棄自己原本

所在的位置，轉移到其他位置的時候。假如是重新評估這間公司時認為前景相當不樂觀的話，的確是無可奈何的事；然而萬一是在沒有仔細考慮過的情況下輕率撤回投資資金，卻剛好碰到那間公司突然釋出利多消息並上漲的話，那真的會讓投資人的內心非常痛苦難受。通常這種情況下，即使我們想重新買入，也會因為股價已經飛漲到新高點而沒辦法再次買進那間公司的股票。要是再加上轉移資金後投資的新公司沒有良好的動能，反而需要等待更長的時間，內心就會覺得更辛酸。

遇到這種情況時最讓爸爸心痛。如果一開始就對那間公司沒有太多興趣還無所謂，但如果明明只要稍微再等待一下就可以達到目標，而我卻因為自己等不及、一次性將所有股票賣掉的話，就會徒留很多的遺憾。因為股價雖然受到市場影響而大幅下跌，但其實公司依然維持良好的營運狀態、管理階層和員工也準備了一些好消息，結果這段期間我們卻沒有耐心等待才會如此。意思就是，我們因為沒有聽到任何消息、還看到股價下跌，就以為公司的基本面不穩定，但事實上並非這樣。

要放下想贏錢的貪欲，
努力讓自己不受到損失

「會墜落的都是有翅膀的。」這句話是爸爸大學讀過的一本書裡面的標題，我一直謹記著這句話。那些戴上貪婪的翅膀後飛得越高的事物，墜落時面臨死亡關頭的可能性就越高。這個道理同樣可以應用在包含股票在內的投資市場。如果無法克制自己的貪婪，盲目追逐大家覺得很搶手的股票或高風險資產，就會有很高的機率遭受巨大損失，最終甚至不得不退出股票市場。

在 2022 年，像 UST（TerraUSD）和 LUNA 這樣的穩定幣（Stablecoin）大幅暴跌超過 90%，導致 20 多萬的韓國人損失大筆資金。就像這樣，如果把全部資金都投資在過於危險的資產上，很可能會讓自己陷入無法挽回的狀態。就好像是有個人興高采烈地前往拉斯維加斯，最後失去了所有的賭資，甚至花光了所有能從附近 ATM 機中提領出來的現金，最終不得不離開拉斯維加斯一樣。或許的確有機會出現一兩次的成功，可是只要出一次錯，就可能完全跌落谷底。

人類的貪婪是沒有盡頭的，如果我們沒有用強烈的意志力去克制它，它會無止境地向上攀升。在但丁（Dante）的《神曲（The Divine Comedy）》中，也針對貪婪罪提出警告。貪心會生出更多貪心，即使擁有巨大的財富、投資

資金不斷增加也不會感到滿足，過度追逐投資利益到最後一切往往都會化為烏有。

　　其實一般我們聽到身旁的人覺得很熱門的高波動性股票，都已經到了高點。當周圍的人說他們獲利高達100％、200％、甚至好幾倍的時候，貪心的人很容易就被他們所說的話引誘，克制不住自身的本性而跳進其中。突然飆升的股票有很大的可能性是高波動性資產，容易遇到最大交易回落（Max drawdown, MDD）。再加上，出現利多消息的時候也常常會有各方的勢力大幅度推高股價，一旦誤入其中，就很可能買在高點，結果投資受挫、在很長一段時間當中覺得痛苦。

　　有一句韓國俗話說：「家喻戶曉的餐廳裡沒有什麼東西好吃。（意指名氣大的人事物，很難與其享有的名聲相稱。）」面對這些股票時，我們務必記得要用謹慎和克制的態度去操作。最近有一些股票像是元宇宙（Metaverse）概念股、或是和分期支付相關的金融科技（FinTech）概念股等，突然之間會出現強勁動能、股價瞬間飆升，然後又很快地消失。雖然這些股票的動能可能會再次出現，但如果我們在投資時沒辦法克制住自己的貪心、陷入錯失恐懼症（FOMO）的狀態，盲目跟進而被套在高點，就可能會需要等待相當漫長的時間才能恢復。想要在股票投資中取得成功，關鍵就是要放下貪念、保持節制，等待市場熱情消退、價格低於合理股價的時候再買進。

　　不追著短期內瘋狂上漲的熱門股票是很重要的，然而不要期待墜落的鳥兒可以重新展翅高飛，這點也同樣重要，

因為其實能夠再次上漲的希望十分渺茫。當然，的確有可能經由充分的研究找到寶藏股票，不過由於有價格波動性存在，或許在好幾年的時間中價格都會掉在最低的位置上。如果因為市場影響或暫時的利空因素導致股價下跌、出現波動，短的話可能需要等到下一個季度業績報告出爐的時候，又或是要需要等待非常長的時間，直到出現利多消息為止。

在長期投資中放下想要贏錢的貪心，克制、忍耐並努力讓自己不受到損失是非常重要的。在 2022 年，有人用 1100 美元的價格買入特斯拉股票，也有人用 700 美元買入，從這裡就可以看出誰貪心、誰有克制的能力。即使眼前看到股價上升到 900 美元、1000 美元、1100 美元，也能夠忍住不盲目進場，等它再次回跌到 700 美元時買進的忍耐力；還有當所有人都覺得恐慌時勇敢選擇進場的決斷力，這兩項都是在股票市場當中十分必須的能力。

富爸爸的買股筆記

波動性與節制力

每一支股票都有它本身的價格波動幅度。一般可以透過14天的平均真實區間（Average True Range, ATR）來掌握平均價格波動性，也可以透過最大交易回落（Max drawdown, MDD）等方式來了解股票可能的最大跌幅，或是用簡單的觀察法看過去六個月或

一年的價格波動幅度。這些價格波動都會隨著市場情況上下震盪，如果想要等到波動性達到最低點時進行交易，就需要擁有節制力。

在波動性攀升到最高點時，最需要具備的就是放下貪心並等待收割獲利的節制力。可以利用相對強弱指標（RSI）進行觀察，在數值超過70的超買區域收割獲利，在數值低於30的超賣區域買進，也可以藉由觀察當下股價和合理股價之間的差距來決定是要獲利了結還是要買進。不過，這整個過程對於遵循原則並具備出色節制力的要求非常高。有人說收割獲利就像藝術一樣，非常困難而且耗費精力。到了2022年，華倫‧巴菲特和查理‧蒙格等著名投資大師分別在91歲和98歲的高齡依然成功進行投資，這就是屬於他們的領域（編註：此為作者寫作當時的資訊。查理‧蒙格於2023年11月28日逝世。）。

要謙卑地觀察市場，
不要過於確信

　　許多證券專家和分析師都認為 2022 年的情況和過去這幾年的事件很類似：2001 年的網路泡沫現象、2015 年美國聯準會升息、2017 年 9 月美國聯準會進行縮減資產負債表計畫，以及 1981 年美國聯準會主席保羅・伏克爾（Paul Volcker）為了控制通貨膨脹而升息 20%。他們引用了過去的數據，並用來預測未來。

　　然而，雖然過去可以解釋現在，卻沒辦法預測未來。即使提供了再好的數據和圖表進行分析，專家們的預測經常是錯誤的。他們提到會出現暴跌、波動震盪，但時間久了總是會出現一次大幅震盪的時候，讓人覺得他們的預測似乎是對的；但仔細觀察就會發現，他們預測的崩盤原因和時間點並不正確。所以，那些因此感到恐慌而賣出股票的人，就會沒辦法抓住重新買進的時機，結果只能眼睜睜看著股價上漲、很難再次獲利。

　　不要忘記，不管是律師、醫生、經濟學家還是證券專家，都絕對無法準確預測股價的走勢。股票市場中存在著各種類型的投資人，包括國外、國內、各家機構、避險基金、投資大戶和個人投資者等，而這些投資人的心理受到上百種因素的影響。即使是依賴像 Kensho（新經濟綜合指數）這樣利用超級計算機的大數據生存的人工智慧投資基

金，也在過去一年當中（2022 年 4 月為基準）出現了 30%
的損失。就像這樣，那些自認為聰明的人可能會坐下來預
測利率、預測股票市場和股價，但是等過了一段時間之後，
最終他們就會意識到那些預測發生的機率低到毫無意義。

不要忘記，過度的自信會變成傲慢和毒藥。爸爸在經
營 YouTube「班教授 TV」這個投資教學頻道時，一直以
來都對觀眾說我的智商只有 80。我努力用最謙卑的態度面
對市場，總是不敢忘記自己有可能會犯錯。偶爾我也會不
小心忘記這一點，過於自以為是，結果到了最後把事情搞
砸。與其態度驕傲、自信滿滿地預測什麼，不如持續準備
應對市場可能出現的暴跌，這才是更重要的。

**在投資市場中，有毅力、耐心並持續準備的人，比起
聰明的人更有機會獲得成功。不要預測市場，而是把這份
熱情用來研究公司的基本面，會是更明智的決定。**

過去，就讓它過去吧

在股票投資中，管理好自己的心態非常重要，尤其要能夠有效控制自己的記憶。過去的記憶有時候可能會對我們在投資股票時產生不良影響，但有時候失敗的記憶可能會成為我們未來投資最重要的基礎。另外，回顧自己還是投資初學者時經歷的許多經驗，不斷反思其中對自己最重要的教訓是什麼，藉此避免重蹈覆轍，這也是非常重要的一點。

然而，最重要的是能夠像台灣電影「心動」主題曲《心動》這首歌當中所說的那樣，「過去讓它過去」，有很多人因為曾經失敗的記憶而變得畏畏縮縮、想得太多，在波動期到來時沒辦法自信且果斷地買進股票。相反地，許多擁有成功記憶的人不僅賺了很多錢，而且他們還具備積極的態度和心理素質，可以定下心來，持續且果斷地進行投資。

當然，這種擁有成功記憶的人指的並不是曾經擊出一兩次全壘打的人，而是那些在長時間中等待擊出安打，並運用複利效應擁有財富的人。失敗過的人，他們規避損失的偏差心理往往會讓他們在接連而來的損失中選擇避免風險，只願意投資優質股或價值股，並在價格小幅度波動時賣出股票，然後一直重複犯下這樣的錯誤。

然而，那些能夠撐過股價波動期、獲得成功經驗，並

培養出積極正向的思考模式的人，他們會持續購買股票、在長期攀升的市場中擁有更多的股票，因此成為有錢人的機率也更高。至於那些規避損失的傾向過於嚴重的人，會因為他們每次遇到風險就把股票賣掉的這些記憶，讓他們經常認賠賣出股票，如此一來更容易變得消極。過度想要規避損失的人，有時候可以運氣很好、抓住機會在股價波動初期賣出股票避免損失，可是一旦錯過了這個時機，他們的心態可能就會崩潰，選擇在低點的時候出售大部分股票的機率也會提高。

在美國有一句諺語叫做「星期一早上的四分衛（Monday Morning Quarterbacking）」。美式橄欖球是美國最受歡迎的運動之一，在美式橄欖球當中四分衛（Quarterback）又被叫做場上教練，這項運動的進攻通常由四分衛發起。如果四分衛出現失誤，往往會讓整支球隊輸掉比賽。比賽會在每個星期天進行，等到了星期一早上，輸掉比賽的四分衛就會拿各種藉口辯解、試圖挽回自己犯的錯。這就是所謂的「星期一早上的四分衛（Monday Morning Quarterbacking）」。換句話說，就是「在事後放馬後炮的人」。

即使在股票市場上投資了很長一段時間，也還是會犯錯。有時候知道明明不該預測卻試圖預測並做出行動，最後的結果就會和預期的完全相反。然後在這種情況下又不願意承認自己的錯誤，於是不斷找各種藉口說事情是因為誰才變成這樣、是大環境的情況讓人無可奈何等等。就像高爾夫球選手在球打得很差的那天，會用天氣等一百種藉

口來幫自己解釋一樣。然而，這樣的行為只會讓投資人繼續責怪別人，無法承認並修正自己的錯誤，對於長期投資而言一點幫助都沒有。唯有承認自己的錯誤並努力避免重蹈覆轍，我們才能不斷成長和進步。

因此我們需要不斷練習，讓自己可以徹底拋開過去發生的事、記住自己的錯誤，保持積極的心態並繼續堅持下去。就算是那些幸運在波動期進入股市的人，也可能在好幾年的時間中經歷很多次的波動期。面對這種情況的時候，我們應該要記住最初幾年犯過的錯誤，下定決心不再犯同樣的錯誤，並帶著積極的心態撐過波動期。這樣我們在接下來的好幾十年中，就可以用更舒適、更幸福的心態在波動期進行投資。能夠忍耐並等待從 1000 萬韓元（約台幣 23 萬 8 千元）賺到 3000 萬韓元（約台幣 71 萬 4 千元），然後繼續等待從 3000 萬韓元變成 1 億韓元（約台幣 238 萬）的人，之後甚至可以成功累積 100 億韓元的資金，成為超級散戶。

有些人理解錯誤，認為必須先擁有 1 億韓元才能進行股票投資，所以在一開始就貸款來投資。然而，那些人沒有經歷過一段艱辛的時間，直接用借來的 1 億韓元開始投資，他們和能夠從 3000 萬韓元賺到 1 億韓元的人心理素質完全不同，想要獲得成功是非常困難的。因此，我們應該謹慎看待那些聲稱必須先擁有 1 億韓元才能成為有錢人的說法。

在人生中保持成長型的心態，不斷挑戰自己、經歷試

煉和痛苦後取得成就的人，會變得相當堅強，無論遇到任何情況都能微笑面對。同樣地，在股票投資中也要讓過去的事過去，盡快放下不好的回憶和讓人消沉的心態，不斷努力克服困難，這點非常重要。戰勝錯誤、維持積極心態並堅持幾年，這段時間將會成為我們未來數十年投資的良好基礎。如果我們能從幾百元、幾千元開始，不斷經歷挫折但仍然堅持並累積到 1 億韓元，那麼就沒有什麼比這更有價值的了。

真正的高手不會在這檔股票、
那檔股票之間猶豫不決

在投資市場待一段時間，常常會聽到大家說某人是投資高手。初學者被稱為「新手」，投身市場一段時間、有一定經驗的被稱為「中手」，而展現出超凡的投資能力的人則被稱為「高手」。有些人會把那些賺到數十億韓元以上巨額利潤的超級散戶叫做高手，而有些人則會把那些在證券公司或投資銀行等機構工作很久的人叫做「高手」。

不過在這麼多被稱為高手的人當中，真正的高手有多少人呢？有些人剛好在股價大幅下跌的時期幸運用比較低的價格買進股票，後來獲得豐厚報酬；有些人一直以來都是短期交易者的身分投資多年；有些人因為握有可以投資公司的一大筆資金，所以能夠更大膽地進行投資；還有些人可能是因為遇到了優秀的分析師而取得成功，就像這樣有各式各樣的投資人。

不要誤會，並不是因為單純賺了很多錢、因為投資了很長一段時間、因為經常出現在媒體上、或是擁有很多的訂閱人數，就可以被稱為高手。很多在金融機構工作的人在個人投資上面臨失敗，也有很多 YouTuber 在暫時取得成功後遭受重大損失、最後放棄並退出市場。

股票市場上有太多的變數，所以沒有任何人能夠預測某支股票在短期內會上漲多少。就算是被稱呼為高手的人，

也不會知道哪一檔股票可以上漲多少倍，他們並不會算命。他們或許經常會推薦某些股票，表示因為那檔股票的基本面良好等等，但無論什麼樣的高手都沒辦法預測未來短期內股價是會上漲還是下跌。可能他談到一些我們不太知道也不太理解的困難指標或數字，讓他這個人看起來像個高手，但預測是絕對不可能做到的。「把時間拉長來看，好的公司股價會上漲」，唯有這個信念才是真的。

爸爸認為真正的高手是由時間來決定的。真正的高手是那些長時間努力研究，很有耐心地持有自己選擇的股票，並在退休時獲得巨額財富的人。許多世界上眾所周知的大師，像是華倫・巴菲特、彼得・林區、班傑明・葛拉漢、和約翰・坦伯頓（John Templeton）等，才是我認為真正的高手。因為他們是在好幾十年的時間中持續獲利並成為有錢人的。

股票投資的過程中，當市場景氣不好、或由於公司內外部因素導致股價下跌時，投資人的內心往往都會動搖。在這種情況下就要重新再分析一次這間公司的基本面，假如相信而且看好這間公司未來的表現，那麼繼續持有這家公司的股票就是一個聰明的決定。萬一只是單純因為股價下跌，對著其他人認為很好的這檔股票、那檔股票左顧右盼、猶豫不決，每次遇到危機的時候都會賣掉手上的股票、轉而買進其他新股票，把時間拉長來看就會很難獲得豐厚的報酬。

優秀公司的股票不管是因為出色的業績、還是受到利

多的影響，最終都會上漲，以長期而言也會帶來很好的結果。如果一直追著最近股價走勢看好的股票，反而會買在高點，等股價下跌而不得不賣出，然後一而再、再而三地重複這個循環。訂閱人數相當多的 YouTuber 看起來也像是高手，可是我經常看到他們只因為波動期間股價下跌就犯了這些錯誤。想分辨是真正的高手還是初學者，就像看一間壞公司一樣，等游泳池的水退去之後，看見他們在波動期間克服不了恐慌情緒、賣掉股票而裸泳的樣子就會知道了。

　　最後，我希望你不要放棄長期持有優秀股票就一定會上漲的信念。除非你是短期交易者，否則股票的美好結果總是會在長時間的耐心等待之下來臨。必須仔細研究所有會對公司基本面造成影響的消息。持續穩健增長並創造收益的公司，股價終究會上漲的。時間就是答案，急於在一時分出勝負的這份著急，可能會毀掉我們的投資，所以務必要小心。

不要像飛蛾一樣投資，
要像蝴蝶一樣自在飛翔

投資人必須像蝴蝶一樣輕鬆自由地飛翔，同時具備迅速又冷靜地出手抓住機會的能力；也必須像老鷹一樣輕鬆自由地飛翔，具備一旦發現獵物就能迅速俯衝獵捕的能力。另外要努力別像飛蛾撲火一樣，不知道自己會被火焰灼傷、盲目地衝進去；也不要像鬣狗一樣，搶奪大家吃剩的殘羹剩飯，或是逃避應該要著手處理的情況。

投資市場，特別是股票市場，就像特里納·包路斯（Trina Paulus）在《花盼（Hope for the Flowers）》一書中提到的，我們都不知道在向上延伸的懸崖盡頭會有什麼，只是盲目地跟隨著其他毛毛蟲一直前進，最後就會跌落懸崖並遭受重大損失。當公司股票超過合理股價、或是比自己預期的更快達到目標股價的時候，就要摘取果實、離開群體，具備像蝴蝶一樣的眼光，從遠一點的地方看見盡頭其實是一個懸崖。

像蝙蝠或喪屍一樣的做空勢力，在市場景氣很好、或是業績看好的期間會躲在洞穴裡避開明亮的光線，等到黑暗降臨時再走出來。例如 2009 年和 2020 年，在量化寬鬆的政策之下貨幣大量湧入市場、造成股票市場過熱；或是在景氣循環的頂點、景氣過好，同時公司業績也表現出色而讓股價上漲的時候，很多以前不曾投資股票的人就會帶

著錢投身股票市場。尤其是特定公司或產業釋出利多消息、或業績表現優異時，也會有很多投資人蜂擁而至、買進特定的股票。這種時候在我們不知道的另一面，經常會出現做空率隨之下降、股票價格不斷飆升的情況。

股價一旦接近某種程度的高點，就會開始出現想獲利了結的投資人，而隱藏在洞穴中的做空勢力也會開始和媒體合作，為市場籠罩一層灰暗的陰影。盲目跟隨的散戶會堅定地相信 YouTuber 們的煽動、繼續持有那間公司的股票，可是股價卻已經開始走入下跌的循環。不知道低點在哪裡的散戶放不下覺得公司會成長的認知，在這過程中還是不斷買進，然而這時投資機構和賣空勢力就會繼續出售股票。

儘管投資人想等到股價再次拉抬，但只要到達某個最高點，大家就會再次獲利了結，加上做空勢力會更努力糾纏不放，於是股價的走勢曲線就會像是雙峰駱駝一樣再次重挫。要是沒辦法拉抬到最高點，攀升到大約頭和肩膀那附近的區間就會下跌。股價就會像是一顆球反復彈跳，後來抵抗不了重力而失去彈性一樣，出現「死貓反彈（Dead Cat Bounce）」，接著再次下跌，這種情況相當常見。

當股價跌到不能再跌，有意出售股票的力量也出售了所有持股時，就會在底部出現投降式拋售（capitulation）或是集中（concentration）現象。此時機構投資者會在低檔價位收購股票，而做空勢力也會依照合約收購股票，出現空頭回補（short covering），同時股價也將再次上漲。

市場投降（Market Capitulation）

Capitulation這個字有「投降」、「放棄」的意思，而市場投降指的是在股市面臨波動期或崩盤、股價下跌導致損失無法恢復的時候，投資人選擇放棄恢復損失的意思。通常損失防禦機制會在股價從高點下跌、跌幅達到10%左右時進行，這時投資人會決定是要賣出所有股票、還是繼續持有。

如果大多數的投資人決定繼續持有股票，股價就會從10%的支撐線反彈，市場也會重新復甦；但如果大多數的投資人決定放棄股票，股價就會急劇下跌。當這種現象在整個市場上發生時，就稱為「市場投降」。

因此在進入指數下跌超過10%的波動期、或是跌幅超過20%的熊市時，就必須要考慮各個方面的因素、仔細分析市場情緒，並謹慎做出投資決策，決定是要啟動損失防禦機制，還是要在價格低點買進。市場投降的出現可能會使市場情緒更加惡化，也有可能被看成是股價觸底的時機，因此做出相反的解釋都有其可能性。

就像這樣，我們可以把股票市場的片段性表現和心理趨勢相互結合當作參考，但是盲目地追隨熱門股票而忽視安全邊際絕對是一件非常危險的事。

　　希望你能意識到，在理解機構投資者和空頭勢力心理的同時進行短期投資有多麼困難。價值投資者會根據合理股價確認誤差的範圍並算出安全邊際，換句話說就是在所有人都感到恐慌時買入。不要像飛蛾一樣投資，應該要像蝴蝶一樣、像老鷹一樣自由自在地遨翔天際。

像是在棋盤上出招一樣投資

在韓國電影《老千》中有一句經典台詞:「手比眼快。」人的眼睛看到之後傳送到大腦處理的速度比聽覺更慢,而要把所有數據完整消化、並做出理性和冷靜的判斷就需要耗費相當長的時間。

當我們看到持倉的股票價格浮動時,心理上可能受到很大的影響。看到股價上漲時會覺得開心,甚至會像動能投資者那樣覺得應該要買進更多;而看到股價下跌時會覺得害怕而想要賣出。除此之外,當股價上漲時,就算還沒有達到目標股價我們也可能會想要賣出;而當價格下跌時,就算有機會繼續下跌,我們還是會想要買進。

正如前面曾經提到過的,股價只是一個假象。真正有意義的股價應該是合理股價或退休時賣出的價格,但是我們每天觀察股價,心情就會隨之起起伏伏,一下子覺得高興、一下子覺得難過。當我們盯著股價時,心態會受到影響而動搖,情緒面也會不知不覺地佔據我們的思維,讓我們的前額葉無法做出理性判斷。要是一直看著股價,我們就會在沒有意識到的情況下不自覺地買進和賣出股票。大部分在這種情況下進行的交易決策,都是不理性又衝動的。買賣一家公司的股票、或是繼續持有它都是非常重要的決定,我們卻會被瞬間的情緒影響而做出決定,這樣就很容易會犯錯。

因此，在進行股票交易的決策時，最好和股價行情表保持一定的距離，就像是在象棋盤旁邊出招的軍師一樣。假如親自跳進棋盤中、直接參與市場交易的話，往往會錯失大局或長期的趨勢。就像在美式橄欖球比賽中，主教練一定會在球場最上方的觀眾席包廂那裡觀察整個局勢，透過無線對講機向教練團隊傳送指示；同樣地，只關注並陷入在眼前的價格、錯失大局或長期趨勢就做出決策是一個十分冒險的行為。

重要的是，要經過很長一段時間進行充分地思考再判斷，事先做出一定程度的決策，始終保留充足的閒置資金，並且想好 B 計劃或第二方案。當你思緒不清時，我建議去散步可以同時刺激左右腳、幫助左右大腦之間的腦波傳遞，讓我們的思緒更加清晰，閉上眼睛並左右移動眼球的訓練也有助於思考。

爸爸喜歡散步，所以我在買賣股票之前通常都會到公園散步十到十五分鐘，或是走到附近的超市逛逛。我藉由這種方式，讓自己經過長時間的思考後再做出買或賣的決策，即使結果可能出錯，不過卻可以降低後悔的程度，而且通常都能獲得更好的結果。

如果你是因為相信而投資，
就持續關注、不要受到干擾

　　幸福的投資習慣，就是在意識著長期目標的情況下，不受到短期股價波動太多的影響。進行股票投資的過程中，難免會有遭受損失的時候，爸爸也在 2015 年和 2018 年有過虧損的經驗。儘管有時候賺錢、有時候賠錢，不過從 2008 年開始投資的十四年以來，我用定期定額的方式投資國際股權指數（International Equity Index）和標準普爾500 指數（S&P 500）這類追蹤指數的被動型 ETF、還有大型成長股 ETF，整體而言依然是持續獲利的。在這十四年的時間裡，我偶爾會查看一下資金增長的情況，但不會過多關注。一般我都交給平常生活中信任的優秀公司，委託他們管理資金。

　　在努力做了功課之後，如果你信任那間公司並加以投資，那麼關鍵就是要長期觀察。當然，一定要持續關注可能會影響公司業績長期成長狀況的重要消息，例如業績表現、併購消息等等。不過大部分可能會影響到公司基本面的重要消息，都需要根據 1934 年通過的證券交易法（Securities Exchange Act）、還有相關的行政法向美國證券交易委員會（Securities and Exchange Commission, SEC）進行報告。所以，我們可以透過電子郵件到 EDGAR（Electronic Data Gathering, Analysis, and Retrieval System）資料庫、或是公司投資人網頁進行註冊，就能察

看到相關消息。

　　但是，如果我們對於公司的關注焦點偏離了公司的基本面，而是轉向股價的話，那麼就絕對無法做到真正幸福的投資。觀察一間公司的成長固然令人開心，可是假如一家長時間表現良好的公司在我們退休時能上漲許多，並發揮複利效應，讓我們獲得令人滿足的回報，就能感到幸福。若是像 2022 年上半年那樣的情況，讓投資人完全摸不著頭緒，市場狀況和相對的股價波動光是一個月當中就要經歷多次起伏，讓我們的神經也跟著變敏感的話，就會承受非常龐大的壓力，無法真正感到幸福。

　　正如埃里希·佛洛姆所說一樣，自由和愛、生產和成長必須不斷延續下去，才能變得幸福。應該偶爾哼哼歌、看看天空，也感受季節的變化，才能感受得到幸福。除非是因為工作，否則如果每天盯著不斷變化的股價，就會越來越敏感，自由會被束縛、沒有時間付出愛，也很難在自己的生活中成長。即使看了天空、觀察了季節的變化，也無法感受到任何觸動，沒有多餘的時間可以彈奏音樂、唱唱歌，這麼一來，生活將會變得毫無幸福可言。

個人會比機構投資者
擁有更多的時間和靈活度

　　在波動性很劇烈的市場中，機構投資者和大型投資者等多方勢力通常會引領市場並進行波段交易（swing trade）。當市場出現利多消息時，握有大筆資金的機構投資者就會開始帶頭購買股票，而被稱為「散戶」的小額投資人則會跟在後面買進。

　　當機構投資者覺得股價上漲到一定程度時，就會選擇獲利了結並導致股價下跌。接著，散戶投資人也會受到恐慌情緒的影響而紛紛賣出股票。等到股價下跌到某個程度後，機構投資者又會開始用低價買進，而散戶則會懷疑自己之前的判斷是不是出錯並再次跟著買進。

　　在美國的市場上，股市會在上午九點半開盤，到了大約十一點左右就會出現劇烈波動，這時候新手投資人往往會追著股價跑而遭受巨大損失。有經驗的短期交易投資人會適度地進行交易並獲得利潤，而且能夠在低點買進。可是對於初次踏進股市的新手投資人來說，這非常困難。因為這需要進行技術分析、並根據圖表和走勢進行交易，所以市場是為了那些經過大量模擬投資訓練的人而存在的。

　　當 VIX 波動率指數超過 20、波動性加劇，而且市場充滿恐慌情緒時，機構投資者就會開始拋售股票，此時個人投資者也會跟著紛紛拋售。這稱為機構的「掠奪性交易

（predatory trading）」，就像秋天時一家人到山上搖晃栗子樹，就會有許多栗子撲簌簌落下一樣；當機構投資者在波動市場或暴跌市場上搖晃樹幹、進行清倉時，個人投資者也會跟著撲簌簌地掉下來、紛紛賣出股票。而那些已經先賣出股票的機構投資者就能夠在波段底部用更低的價格開始收購股票，等股價上漲時便可以獲得更大的利潤。

錯過了防禦損失時機的個人投資者，會後知後覺地感到恐慌並拋售股票，然後在股票已經觸底反彈、急劇上漲的時候追著買進。但是通常他們買進的價格會比原來賣出的價格還要高，所以反而會因此蒙受損失。就像這樣，當機構投資者利用更多訊息和大量資金快速行動時，要是個人投資者只是單純根據股價的波動盲目跟隨，就會由於時間上不得不比機構投資者慢一拍，而賠上一大筆錢。

不過，假如個人投資者想在機構投資者進行波段交易、或掠奪性交易的時候獲得優勢，有一個辦法可以讓我們更成功地生存下來。個人投資者的好處在於擁有比機構投資者更多的時間和靈活度。在金融機構工作的基金經理或交易員每個月、每個季度或每年都需像公司報告業績，而且為了取得良好的業績表現，有壓力必須在短時間內實現獲利。另外，他們還有責任必須持續追蹤像 RTS28 市場報告、10-K（年度報告）、10-Q（季度報告）、8-K（重大事件報告）這些公開揭露公司運營和業績狀況等影響股價因素的報告。否則，無法達到業績目標的基金經理人或員工便可能要面臨被裁員的局面。

然而，個人投資者在資金運用上可以更自由、靈活，而且擁有更多的時間。如果當年的基金收益率出現負值，金融機構可能就會面臨資金外流、員工離職的情況，但是個人投資者不需要立刻退休，所以可以等待下一年的報酬，運用薪水或其他收入持續進行投資。

　　基金經理人需要拋售股票、籌措現金的時候必須維持投資組合的比重，因此會受到很多內部和外部的限制。但相對地，個人投資者只要看到公司狀況不佳，隨時都可以從股票中撤回投資資金。即使處在機構投資者進行波段交易、想在短時間內造成股價波動的情況下，個人投資者還是可以拉更長的時間觀察股市變化，保持觀望的態度。

　　交易員和基金經理人在工作上為了達到收益率的目標必須承受很大的壓力，所以他們會透過各種媒體的管道、努力拉高他們持有的股票價格。不過千萬別忘記，個人投資者只要不受到媒體或股價波動影響，就可以心態舒適地長期觀望並等待，讓自己處於有利的位置。個人投資者認為股市景氣很差時，可以暫時放下追求利潤的渴望，減少股票的比重、增加現金的比重，輕鬆地等待下一個獲利的機會來臨。

「神乎其技」的投資決策
是不存在的

　　透過充分的學習、選擇優質的股票，最終就可以在退休時以股價上漲的方式獲得一筆可觀的報酬。不過，我們沒辦法投資做過功課的所有公司，因為眼前的公司數量太多、投資資金卻有限，在相同投資金額的限制下，持有的股票數量越多，風險的確也會下降，但報酬率也會跟著下降。所以當我們投資的資金比較多的時候，可以選擇大約二十到三十檔股票；要是投資的資金比較少時，投資組合裡就可以選擇少一點的股票，運用選擇與集中的策略進行更有效率的投資。

　　我想再一次地提醒你，**一口氣把所有資金全部投注在某一檔特定的股票上，是非常危險的投資策略**。萬一你投資的公司因為經營團隊的不道德行為、產品和服務的銷售量下滑、成本上升、環境限制改變、自然和社會環境改變、競爭力處於劣勢等多種因素而陷入困境，嚴重時甚至有可能會面臨破產。

　　柯爾・威考克斯（Cole Wilcox）在他的研究論文〈資本主義分配（The Capitalism Distribution）〉中，研究了1983 年到 2006 年的三千家公司，結果發現 39% 的公司都出現虧損。其中有 18.5% 的公司損失了 75% 的價值，有64% 的公司股價表現不如平均水準，只有 25% 的公司推動

指數上升。

美國有一個針對投資基金進行評等的晨星（Morningstar）網站，約翰・瑞肯薩勒（John Rekenthaler）是其中一位的專家。他對 2011 年到 2020 年的美國股票進行了研究，結果發現指數的報酬率上升到 13.9%，但只有超過 42% 以上的公司才能盈利。有 36% 的公司在十年內面臨虧損、比例超過三分之一，而 22% 的公司則退出了指數，被其他公司收購、或是從市場上下市。

因此我希望你在股市中，不要被那些聲稱自己運用神乎其技的投資決策、或是只靠運氣，把所有資金押在某個特定股票上賺到大筆財富的故事所迷惑。尤其是對年紀比較大才開始投資的人而言，他們可能會經歷自己所投資的公司倒閉、感到後悔，但想要回頭又已經承擔不起那麼龐大風險的負擔。在 2018 年之前把所有資金押注在特斯拉的人，其中的確有很多人因此成為了百萬富翁，但是在 2019 年特斯拉瀕臨破產的時候，他們也同樣必須承受非常巨大的風險。在股市中完全不考慮公司的業績和成長，股價還能夠幸運地不斷攀升，這種事幾乎不可能發生。

在市場出現波動或暴跌的時期，的確有人很幸運地用低價買進了股票、或很幸運地在高點賣出了股票，可是不能把這稱為神乎其技的策略，想用僥倖來經營投資。儘管可能真的是因為幸運而獲利，不過只要付出努力也同樣可以獲得報酬。只要仔細分析市場和公司狀態、準備充足的閒置資金並等待，就有機會以低價買入股票。

有一句話說：「運氣是自己創造的」。在股市裡，比起仰賴好運、或所謂神乎其技的投資策略，更重要的是努力創造自己的運氣。面對波動調整和下跌的時期，要保持良好的心態和耐心，隨時準備好應對震盪和暴跌，同時準備好閒置資金、懂得掌握公司的合理價值，並在安全邊際的低點適當地分批買入。然後等股價達到合理股價或目標股價時適當地分批賣出，用這個方式努力實現收益，就可以獲得足夠的利潤並成為富有的人。

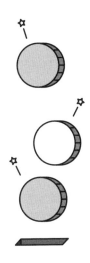

保持一開始投資時的初衷和熱忱

　　成功的人常說：「不要忘記初衷。」他們在很長的時間中忍耐堅持才能獲得成功，但假如他們失去了初次開始的熱忱、停止成長，那麼危機就會降臨。當一個人停止成長的時候，就會逐漸死去、人生的不幸也會開始降臨。為了獲得幸福，我們必須不間斷地成長和生產。公司也是一樣的道理，一旦停止成長，那瞬間起它就會在競爭中處於劣勢，最終走上倒閉的路。第二次世界大戰後到 1970 年代之間曾經好好成長的企業，現在有很多都已經消失、退出市場，看到這裡想必我們就能明白這一點。

　　當你投資一家公司時，一開始可能會充滿信心地看待那間公司的願景、價值和基本面，然而當股價受到各種內部因素、外部因素的影響而波動下降時，很多人就會失去耐心。因為投資是要長時間進行，一直到我們退休為止，所以保持一開始投資時的心態和熱忱非常重要，就跟投資時務必遵循原則一樣重要。當然，這份熱忱可以透過持續關注並研究自己投資的公司來呈現。不要只是認為公司或管理階層會自己了解情況經營、放著不管，而是要積極地觀察公司很重要的長期趨勢，不時透過電話聯絡、收發電子郵件表現出關心是很重要的。

　　不要讓自己因為沒有及時意識到公司的基本面出問題，結果來不及從這間公司撤回資金，這點也相當重要。例如，這間公司的研發開發費用減少、無論公司或市場的

狀況如何都無法減少成本、銷售量一直無法增加甚至持續下滑、內部人士因為對公司缺乏信心而拋售股票、管理階層出現道德問題而導致優秀員工或研究人員離職……等，要持續觀察公司有沒有這些問題發生。

反過來說，如果公司長期基本面的發展朝著更好的方向邁進，像是技術開發或合併等，有機會為公司帶來更大的利潤時，那麼就可以考慮增加投資資金。**希望你在保持一開始投資的初衷和熱忱的同時，也能夠持續研究並觀察自己所投資的公司資訊。**

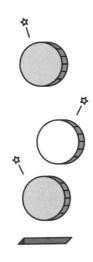

只要你不放棄並持續尋找出路，就能看到隧道明亮的出口

　　如果你在人生道路上前進的過程中，遇到像洞穴一樣充滿黑暗和不確定性的狀況時，可能會被沮喪和恐懼的情緒佔據了你的想法。不過，只要你為了克服這段時期而堅持不懈地努力，最終一定能戰勝困境、獲得更大的喜悅，我希望你絕對不要忘記這點。即使處在道路好像被切斷、充滿不確定性的時候，只要你不放棄、忍耐堅持地尋找出路，最後你就會發現自己終於重見光明、找到屬於自己的道路，也會明白自己走過的不是一個洞穴、而是一條隧道。

　　我從 2020 年開始經營「班教授 TV」這個 YouTube 投資頻道，其間曾經有很長一段時間和觀眾們一起投資美國股票，同時也走過了許許多多的隧道。當市場波動時，我和觀眾們都看不見任何光亮，只能一起手牽著手、彼此扶持地走過那一片漆黑的漫長隧道。有時候會遇到崩盤、波動震盪，還有各種勸我們拋售股票的誘惑，但我們都忍耐並堅持了下來，一步一步地走出了那一條條的隧道。雖然碰撞、跌倒時會很痛，可是我們從來沒有放棄，而是一再地站起來繼續前進。不知不覺當中，光線開始從隧道的盡頭逐漸照射進來，這時我們所有人就能一起歡呼雀躍。

　　有時候當我們走出這條隧道的盡頭時，又會出現另一條隧道。那麼我們只要再次手牽手、共同穿越那條隧道就

好了。在經歷一條又一條隧道的同時，大家都變得越來越堅強，看到這點讓爸爸覺得非常欣慰。儘管我們不會知道未來還會出現多少隧道，但爸爸會繼續用光引導大家，讓大家身陷一片漆黑之中、毫無方向感並且感到恐懼的時候不迷失方向，堅定地穿過隧道。

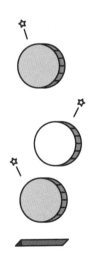

附錄

我是初學者
還是高手？

請試著回答下列問題，答案為肯定的數量代表你目前的水準。

- 超過二十項以上：你是初學者水準。應該要非常謹慎地儲蓄現金，把步調放慢、建議至少等六個月以上再踏進股票市場。
- 介於七項到二十項之間：你是新手水準。不過仍然有很高的失敗風險。
- 介於三項到七項之間：你是中手水準。你投資賠錢的機率比較低。
- 低於三項以下：你是高手水準。把時間拉長來看，你在股票市場中成為有錢人的機會最高。

☐ 一直都沒有用來投資的閒置資金。

☐ 缺乏耐心和自制力。

☐ 對公司的財務報表不感興趣。

☐ 從來沒有看過任何一家公司的網站。

☐ 買股票時只會追著別人說好的股票買進。

☐ 每天關注股價。只要股價下跌就認為這家公司不好。

☐ 不知道自己投資的公司裡跟管理階層有關的消息。

☐ 當市場波動導致股價暴跌時就會賣出股票。

☐ 會追著熱門股票跑，不問原因就買進。

☐ 對股票投資沒有原則。

☐ 雖然有原則但沒有策略，經常搞砸。

☐ 對公司季度業績和銷售增長漠不關心。

☐ 喜歡把所有資金投入一檔股票上。

☐ 沒有持有超過一年的股票。

☐ 對增加股票數量不感興趣。

☐ 沒有一起進行股票投資的朋友。

☐ 不知道自己投資的公司目標股價或合理股價是多少。

☐ 對公司和營運不感興趣。

☐ 從來沒有閱讀過兩本以上的投資相關書籍。

☐ 沒有什麼投資目的。

☐ 對投資的公司弱點和風險漠不關心。

☐ 對公司的產品、銷售增長、在相同產業中的市場規模
（TAM）、競爭力漠不關心。

☐ 對公司的總市值和所有已經發行的股票數量漠不關心。

☐ 對公司的量化、本益比（P/E）、股價營收比（P/S）、

股價淨值比（P/B）、本益成長比（PEG）、EBITDA、EBIT、EV/EBITDA、EV/EBIT、每股盈餘（EPS）、年均複合成長率（CAGR）、股東權益報酬率（ROE）等不感興趣，也不知道是什麼意思。

☐ 不關心投資組合比重的調整和重新平衡。

☐ 覺得貸款來進行投資沒有什麼關係。

☐ 不是想避免損失而是想賺錢。認為股票是一種賭博，控制不住貪心。

☐ 要是買在高點，只會關心怎麼回本，就算股價呈現上漲趨勢或過熱情況也賣不出去。

☐ 在買入或賣出後，只要看到股票價格上漲或下跌就會覺得後悔，情緒起伏劇烈。很難對自己的決定負責。

☐ 容易被 YouTube 或媒體提供的片面消息影響。

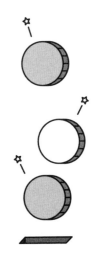

台灣廣廈 國際出版集團
Taiwan Mansion International Group

國家圖書館出版品預行編目（CIP）資料

買股的基本：學習股票愈早愈好！富爸爸教你從選股技巧、投資策略到設立安全機
制，在低報酬、高風險時代穩健獲利的關鍵/李朱澤作.
-- 新北市：財經傳訊出版社, 2024.01
面；　公分
ISBN 978-626-7197-45-5(平裝)

1.CST: 股票投資 2.CST: 投資技術 3.CST: 投資分析

563.53　　　　　　　　　　　　　　　　　　　　　　112019123

財經傳訊
TIME & MONEY

買股的基本

學習股票愈早愈好！
富爸爸教你從選股技巧、投資策略到設立安全機制，在低報酬、高風險時代穩健獲利的關鍵

作　　　者／李朱澤	編輯中心編輯長／張秀環
翻　　　譯／彭翊鈞	編輯／陳宜鈴
	封面設計／林珈仔・內頁排版／曾詩涵、菩薩蠻
	製版・印刷・裝訂／皇甫・秉成

行企研發中心總監／陳冠蒨	線上學習中心總監／陳冠蒨
媒體公關組／陳柔彣	數位營運組／顏佑婷
綜合業務組／何欣穎	企製開發組／江季珊、張哲剛

發　行　人／江媛珍
法律顧問／第一國際法律事務所 余淑杏律師・北辰著作權事務所 蕭雄淋律師
出　　　版／財經傳訊
發　　　行／台灣廣廈有聲圖書有限公司
　　　　　　地址：新北市235中和區中山路二段359巷7號2樓
　　　　　　電話：(886) 2-2225-5777・傳真：(886) 2-2225-8052

代理印務・全球總經銷／知遠文化事業有限公司
　　　　　　地址：新北市222深坑區北深路三段155巷25號5樓
　　　　　　電話：(886) 2-2664-8800・傳真：(886) 2-2664-8801
郵政劃撥／劃撥帳號：18836722
　　　　　　劃撥戶名：知遠文化事業有限公司（※單次購書金額未達1000元，請另付70元郵資。）

■出版日期：2024年01月
ISBN：978-626-7197-45-5